TEXTES À L'APPUI
série « philosophie pratique »
dirigée par bertrand guillarme

D1724895

Textes à l'appui/Philosophie pratique

La collection « TAP/Philosophie pratique » se fonde sur la conviction qu'un examen philosophique des problèmes politiques et sociaux peut contribuer à leur clarification, à leur discussion, et souvent à leur résolution. Elle se propose donc d'éclairer les choix éthiques et politiques contemporains au moyen de l'argumentation, ainsi que de présenter les questions plus abstraites que ces choix soulèvent. Elle invite ainsi philosophes et spécialistes de sciences sociales, dans une diversité de méthodes et de traditions intellectuelles, à interroger les orientations prises par les acteurs sociaux et les normes qui les sous-tendent.

Dans la même série

Joan Tronto, *Un monde vulnérable. Pour une politique du* care, 2009.

la neuroéthique

Du même auteur

L'Ontologie de Maine de Biran, Éditions universitaires, Fribourg, 1982.
Les Rapports de l'âme et du corps. Descartes, Diderot, Maine de Biran, Vrin, Paris, 1992.
La Valeur de la vie humaine et l'intégrité de la personne, PUF, « Philosophie morale », Paris, 1995.
La Responsabilité éthique dans une société technique et libérale, Presses universitaires de Grenoble, Grenoble, 2004.
Enquête sur la dignité. L'Anthropologie philosophique et l'éthique des biotechnologies, Labor & Fides, Genève, 2005.
Conscience et réalité. Études sur la philosophie française au XVIIIᵉ siècle, Droz, Genève, 2005.

bernard baertschi

la neuroéthique

*ce que les neurosciences font
à nos conceptions morales*

ÉDITIONS LA DÉCOUVERTE
9 *bis*, rue abel-hovelacque
PARIS XIIIᵉ
2009

Remerciements

L'intérêt que je porte depuis fort longtemps aux questions d'anthropologie philosophique et d'éthique normative a convergé vers cette nouvelle discipline, la neuroéthique. Le déclencheur de cette convergence a été un colloque, organisé par l'Institut d'éthique biomédicale de l'université de Genève où je travaille, et intitulé « Quoi de neuf sous le crâne ? Implications philosophiques, éthiques et juridiques des neurosciences », qui s'est tenu à Lausanne en mars 2006. À cette occasion, j'ai pu échanger des points de vue, parfois de manière approfondie, avec certains des participants, notamment Judy Illes, Jean-Noël Missa, Stephen Morse, Ronald De Sousa, Alim-Louis Benabid et Antonio Damasio. Ce livre est l'aboutissement de la réflexion qui s'en est suivie. En le rédigeant, j'ai encore eu le privilège de bénéficier de la lecture critique et attentive de plusieurs personnes, que je remercie vivement, car elles m'ont permis d'améliorer substantiellement mon texte. Il s'agit de Bruno Auerbach, de Frédéric Gilbert, de Jean-Yves Goffi, de Samia Hurst, d'Alex Mauron, de Jean-Noël Missa, de Ruwen Ogien, d'Yves Page, d'Éric Racine, de Nicolas Tavaglione, de Marinette Ummel et de Patrik Vuilleumier.

Si vous désirez être tenu régulièrement informé de nos parutions, il vous suffit de vous abonner gratuitement à notre lettre d'information bimensuelle par courriel, à partir de notre site **www.editionsladecouverte.fr**, où vous retrouverez l'ensemble de notre catalogue.

ISBN 978-2-7071-5709-6

 Ce logo a pour objet d'alerter le lecteur sur la menace que représente pour l'avenir du livre, tout particulièrement dans le domaine des sciences humaines et sociales, le développement massif du photocopillage. Nous rappelons donc qu'en application des articles L. 122-10 à L. 122-12 du code de la propriété intellectuelle, toute photocopie à usage collectif, intégrale ou partielle, du présent ouvrage est interdite sans autorisation du Centre français d'exploitation du droit de copie (CFC, 20, rue des Grands-Augustins, 75006 Paris). Toute autre forme de reproduction, intégrale ou partielle, est également interdite sans autorisation de l'éditeur.

© Éditions La Découverte, Paris, 2009.

Introduction

À chaque siècle son éthique ?

Le xxe siècle a vu la naissance de la bioéthique, et à peine le xxie est-il commencé qu'on voit fleurir le terme de « neuroéthique » ; Neil Levy a même sous-titré son dernier ouvrage, intitulé *Neuroethics* : « Défis pour le xxie siècle ». À chaque siècle son éthique ? Ou plutôt : à chaque siècle un nouveau chapitre de l'éthique ? Si c'est une nouvelle tendance, il faudra attendre quelques siècles pour une confirmation, bien qu'on puisse toujours reconstruire le passé sur le même schéma : le xixe siècle a vu la naissance de l'utilitarisme, prescrivant d'agir en maximisant le bonheur du plus grand nombre, le xviiie celle du déontologisme kantien, faisant de la notion de « devoir » l'alpha et l'oméga de la morale, etc.[1].

Les causes de la naissance de ces deux branches de l'éthique pratique sont-elles analogues ? On pense immédiatement aux progrès des sciences, techno et bio : avancées sans précédent des sciences du vivant d'une part, des sciences du cerveau – les neurosciences – de l'autre : Leon Kass, qui a présidé le Conseil du président étasunien pour la bioéthique entre 2002 et 2005,

---

1. Sur ces doctrines, voir mon livre, *La Valeur de la vie humaine et l'intégrité de la personne*, PUF, Paris, 1995, chap. 1.

parle de la neuroéthique comme de la discipline qui « embrasse les implications éthiques des avancées en neuroscience et en neuropsychiatrie[2] ». Cela est indéniable ; mais bien des domaines de la connaissance et de la technique ont progressé sans qu'on les habille d'une éthique particulière. Est-ce alors que ces deux domaines technoscientifiques nous touchent de plus près, dans notre identité ? Car, on le répète depuis Aristote, nous sommes des êtres *vivants* doués de *raison* ? Sans doute, mais pour qu'un souci éthique se fasse jour et d'une manière aussi insistante, il faut quelque chose de plus. Quoi ? Pour la bioéthique contemporaine, c'est patent : il a fallu des *scandales*. Rappelons les faits.

Lors du procès des médecins nazis au tribunal de Nuremberg, la prise de conscience de la manière dont ces derniers avaient traité les détenus des camps de concentration a suscité une indignation sans précédent. On s'est rendu compte que des médecins, dont la vocation était d'aider les êtres humains qui souffrent, avaient été eux-mêmes la cause de souffrances innombrables et indicibles à l'occasion d'expérimentations humaines menées sans égard aucun pour les sujets de leurs recherches, qu'il vaudrait mieux nommer leurs victimes. D'où la promulgation du code de Nuremberg en 1947, qui stipulait notamment :

> Le consentement volontaire du sujet humain est absolument essentiel. Cela veut dire que la personne intéressée doit jouir de la capacité légale pour consentir ; qu'elle doit être dans une situation telle qu'elle puisse choisir librement, sans intervention de quelque élément de force, de fraude, de contrainte, de supercherie, de duperie ou d'autres formes de contrainte ou de coercition. [...] L'expérience doit avoir des résultats pratiques pour le bien de la société impossibles à obtenir par d'autres moyens de recherche ; elle ne doit pas être pratiquée au hasard, et sans nécessité. [...] L'expérience doit être pratiquée de façon à éviter toute souffrance et tout dommage physique ou mental, non nécessaires.

À la même époque, et depuis 1932, se déroulait aux États-Unis une autre expérience qui n'allait apparaître au grand jour que bien plus tard. Dans le cadre d'un projet de recherche

---

2. President's Council on Bioethics, 15 janvier 2004, disponible sur <www.bioethics.gov>.

sur la syphilis, une expérience d'observation avait été entreprise à Tuskegee, en Alabama, afin d'étudier comment cette maladie évoluait naturellement. Aucune thérapie n'était donc administrée aux malades : il s'agissait simplement d'observer pour comprendre. L'expérience s'est poursuivie jusqu'en 1972, lorsque le pouvoir politique l'a interrompue après une campagne de presse qui déclencha l'indignation de très nombreux Américains, le sénateur William Proxmire qualifiant même cette expérience de « cauchemar moral et éthique ». C'est que, dès la guerre, la pénicilline était disponible et n'avait jamais été administrée aux malades qui, par ailleurs, étaient tous noirs, peu scolarisés et pauvres [3]. Ici, il ne s'agissait pas de médecins *nazis* !

À la même époque, d'autres « affaires » ont été révélées, provoquant une réflexion institutionnelle qui trouva un premier aboutissement dans la publication en 1978 du Rapport Belmont, dans lequel étaient énoncés les quatre principes qui, depuis, encadrent la recherche sur les sujets humains et, au-delà, toute relation entre un médecin et son patient : le respect de l'autodétermination, la non-malfaisance, la bienfaisance et la justice. Cette histoire est bien connue et je ne vais pas m'y attarder, sinon pour demander : la naissance de la neuroéthique est-elle due à de pareils scandales ?

Ce n'est pas le cas, et on ne peut que s'en réjouir. Toutefois, il se pourrait que certaines pratiques permises par les neurosciences aient un relent analogue. Pensons aux lobotomies des années 1960, immortalisées en 1975 par le film de Milos Forman, *Vol au-dessus d'un nid de coucou*, et, par extension, à certains traitements psychiatriques. Par ailleurs et inversement, les neurosciences pourraient bien révéler l'immoralité de certaines pratiques traditionnelles : dans un ouvrage récent, reproduisant les Actes d'un congrès fondateur tenu à San Francisco sous l'égide de la fondation Dana en 2002, William Winslade relève qu'une étude sur les quinze condamnés à mort d'un État américain a montré qu'ils avaient tous des lésions cérébrales [4].

---

3. *Cf.* Gregory PENCE, *Classic Cases in Medical Ethics*, McGraw-Hill, New York, 1990, p. 196, et mon livre, *La Valeur de la vie humaine et l'intégrité de la personne*, *op. cit.*, chap. 4.
4. W. WINSLADE, « Traumatic brain injury and legal responsibility », *in* Steven J. MARCUS (dir.), *Neuroethics. Mapping the Field*, Dana Press, New York, 2002, p. 75.

C'est pendant ce congrès que William Safire a employé, pour la première fois dit-on, le terme de « neuroéthique ». En fait, c'est une redécouverte : on trouve déjà le terme dans deux articles d'Anneliese Pontius concernant des recherches sur les nourrissons qu'elle juge moralement suspectes, en 1973 et 1993[5]. En 1990, Jean-Pierre Changeux avait aussi utilisé le terme lors d'un symposium tenu à l'institut Pasteur.

Les scandales réveillent notre sens moral, mais l'aiguisent rarement. Au-delà de la dénonciation et des mesures nécessaires pour que de telles pratiques ne se reproduisent plus, il y a bien des choses à dire, bien des réflexions à mener. Une fois que notre sens bioéthique a été mis en mouvement, on s'est rendu compte par exemple que la bioéthique existait déjà depuis la nuit des temps : pensons au serment d'Hippocrate qui certes, lui aussi, voulait notamment prévenir des scandales (« Lorsque j'irai visiter un malade, déclarait-il, je ne penserai qu'à lui être utile, me préservant bien de tout méfait volontaire, et de toute corruption avec les hommes et les femmes »), mais pas seulement : il s'agissait de définir les normes et valeurs qui président à l'exercice de la profession de médecin. De manière plus large encore, les débats sur le suicide et sur l'avortement, sur la contraception et la stérilisation sont très anciens ; il y va de la condition humaine, du bon exercice de nos capacités. Bref, les scandales sont des révélateurs, mais, même sans eux, notre sens moral est déjà à l'œuvre. Que nous révèle alors notre sens neuroéthique lorsque nous le mettons en mouvement ? C'est à cette question que j'aimerais répondre dans cet ouvrage.

Toutefois, avant d'y venir, il me faut encore préciser quel sera le champ de mon enquête. La définition de Kass mentionne les questions normatives liées aux neurosciences. Mais, en fait, « neuroéthique » signifie plus, et Walter Glannon a raison de dire que les implications éthiques des neurosciences « incluent non seulement les questions bioéthiques traditionnelles concernant l'autonomie, le consentement éclairé, la non-malfaisance et la bienfaisance, mais aussi des questions plus fondamentales à

---

5. A. PONTIUS, « Neuro-ethics of "walking" in the newborn », *Perceptual and Motor Skills*, 37/1, 1973, et « Neuroethics vs neurophysiologically and neuropsychologically uninformed influences in child-rearing, education, emerging hunter-gatherers, and artificial intelligence models of the brain », *Psychological Reports*, 72 (2), 1993. Je dois ces informations à Éric Charmetant et Éric Racine.

l'intersection de l'éthique avec la métaphysique et avec la philosophie de l'esprit[6] ». Que faut-il entendre plus précisément par là ? Selon Adina Roskies, et je la suis sur ce point, la neuroéthique comprend deux domaines : l'*éthique des neurosciences* et la *neuroscience de l'éthique*, le premier divisé lui-même en *éthique de la pratique des neurosciences* et *étude des implications éthiques des neurosciences*[7] :

— L'éthique de la pratique des neurosciences est simplement l'éthique de la pratique scientifique appliquée aux sciences du cerveau ; elle consiste notamment en la formulation de principes moraux pour guider la recherche et les traitements.

— L'étude des implications éthiques des neurosciences concerne les effets des progrès de la connaissance du cerveau sur nos conceptions sociales, éthiques et philosophiques.

— La neuroscience de l'éthique, enfin, concerne l'approche scientifique de notre comportement moral, notamment par le moyen de l'imagerie cérébrale : que se passe-t-il dans notre cerveau lorsque nous raisonnons moralement et prenons des décisions ? Par exemple, d'après William Casebeer, un kantien activerait la région frontale de son cerveau, un utilitariste les régions préfrontales, limbiques et sensorielles, alors qu'un aristotélicien coordonnerait l'activité de toutes les parties de son cerveau[8].

Le second point couvre l'essentiel des thèmes que je vais aborder. Néanmoins, lui aussi recèle quelque ambiguïté. En effet, comme l'a relevé Glannon, bien qu'il s'agisse officiellement d'implications *éthiques*, on va ici bien au-delà de la morale proprement dite, puisqu'il concerne les effets des progrès de la connaissance du cerveau sur nos conceptions *sociales*, *éthiques* et *philosophiques*. Bref, les neurosciences actuelles ne posent pas seulement des questions normatives (« Que devons-nous faire ? »), mais aussi des questions anthropologiques (« Qui sommes-nous ? »), ce qui ne saurait étonner

6. W. GLANNON, *Bioethics and the Brain*, Oxford University Press, Oxford, 2007, p. 12.

7. A. ROSKIES, « Neuroethics for the new millenium », *in* W. GLANNON (dir.), *Defining Right and Wrong in Brain Science*, Dana Press, New York, 2007, p. 13, et « A case study of neuroethics : the nature of moral judgment », *in* J. ILLES (dir.), *Neuroethics*, Oxford University Press, Oxford, 2006, p. 18.

8. W. CASEBEER, « Moral cognition and its neural constituents », *in* W. GLANNON, *Defining Right and Wrong in Brain Science*, *op. cit.*, p. 209. J'y reviendrai.

vu que le cerveau n'est pas un organe comme un autre : il est lié à ce que nous sommes en tant que personnes – dans certaines doctrines, il est même *identique* à la personne elle-même. Cela dit, on observe actuellement une tendance, fâcheuse à mon sens, mais trop passée désormais dans l'usage pour qu'il soit fructueux de vouloir la réformer, consistant à ranger sous la rubrique de l'éthique toutes les questions non scientifiques, et donc tant celles qui ressortissent à la morale elle-même que celles qui concernent l'anthropologie philosophique (c'est-à-dire la conception que l'on entretient de ce que l'on peut appeler au sens large la « nature humaine ») et la métaphysique. Un exemple paradigmatique est celui des débats sur l'avortement : quand on se demande si l'interruption de grossesse est moralement acceptable, on répond souvent en posant la question du statut du fœtus (« Le fœtus *est*-il un être humain à part entière ? »), qui n'est pas une question normative, même si elle a des conséquences morales. Il en va de même en ce qui concerne la neuroéthique – il aurait peut-être été préférable de baptiser cette nouvelle discipline « neurophilosophie », si l'expression n'avait pas déjà été utilisée par une doctrine spécifique, celle défendue par Patricia Churchland[9]. Quoi qu'il en soit de ces questions sémantiques, ce sont les enjeux « éthiques » suscités par les neurosciences qui m'intéressent avant tout. Quels sont-ils ?

Les enjeux neuroéthiques

Parler de neuro*éthique*, c'est indiquer qu'il est question d'action et de comportement, et non seulement de connaissance. Mais bien sûr, les premiers reposent sur la dernière. Ce que nous apprenons nous permet de mieux comprendre la nature de notre action et de notre comportement, et peut amener à en changer le sens : les avancées des neurosciences pourraient même modifier radicalement la conception que nous nous faisons de notre agir. C'est ce que suggère l'anecdote sur les lésions cérébrales des condamnés à mort rapportée par William

---

9. *Cf.* P. CHURCHLAND, *Neurophilosophy. Toward a Unified Science of the Mind/Brain*, MIT Press, Cambridge Mass., 1989.

Winslade. L'histoire de Phineas Gage, par laquelle débute *L'Erreur de Descartes* d'Antonio Damasio, l'un des ouvrages qui ont ouvert les yeux du public sur les neurosciences, va dans le même sens : cet ouvrier des chemins de fer, spécialiste dans l'utilisation des explosifs pour faire sauter les rochers qui entravent l'avancée de la pose des voies, a le crâne perforé de part en part par une barre de métal à la suite d'une erreur de manipulation. Il perd un œil, mais survit. Aucune de ses facultés ne semble altérée, mais, comme le rapporte son médecin, son caractère est affecté :

Ces changements étaient devenus apparents dès la fin de la phase aiguë de la blessure à la tête. Il était à présent « d'humeur changeante ; irrévérencieux ; proférant parfois les plus grossiers jurons (ce qu'il ne faisait jamais auparavant) ; ne manifestant que peu de respect pour ses amis ; supportant difficilement les contraintes ou les conseils, lorsqu'ils venaient entraver ses désirs ; s'obstinant parfois de façon persistante ; cependant, capricieux, et inconstant »[10].

D'où ce commentaire d'Albert Jonsen : « Gage vivait avec des capacités physiques intactes et des facultés cognitives en bon état – bien qu'avec une exception importante : il était devenu incapable de faire des choix moraux[11]. » Que devient alors sa responsabilité ? Phineas Gage est la parfaite illustration du fait qu'une lésion cérébrale peut modifier en profondeur notre caractère, au-delà de nos intentions et de notre volonté. Ainsi, comme le disait Freud, mais pour d'autres raisons, nous ne sommes pas maîtres dans notre propre maison, et ce au niveau des propriétés fondamentales qui font de nous des personnes.

Cela est inquiétant à plus d'un titre, d'autant que l'exemple de Gage n'est pas un cas isolé : Damasio décrit un autre patient, Elliot, qui souffre de la même lésion et des mêmes troubles de comportement[12]. Pourquoi est-ce inquiétant ? D'abord, nous sommes à la merci d'un accident cérébral : notre identité personnelle et morale ne dépend pas de nous, du moins pas entièrement. Ensuite, la connaissance du cerveau que nous sommes

---

10. A. DAMASIO, *L'Erreur de Descartes*, Odile Jacob, Paris, 2001, p. 27.
11. A. JONSEN, « Brain science and the self », *in* S. J. MARCUS (dir.), *Neuroethics, op. cit.*, p. 11.
12. *Cf.* A. DAMASIO, *L'Erreur de Descartes*, *op. cit.*, chap. 3.

13

la neuroéthique

en train d'acquérir nous met sur le chemin de mieux nous comprendre, certes, mais aussi d'*intervenir* : il devient possible de modifier les personnes, jusque dans leur identité, en agissant physiquement sur leur cerveau. Un médecin mal intentionné pourrait nous « lobotomiser » ! Notre identité numérique elle-même, c'est-à-dire la relation que nous entretenons avec nous-même tout au long de notre vie, qui fait que nous restons le même individu, que nous sommes *idem numero*, n'est pas à l'abri : les chercheurs travaillent actuellement sur des substances qui pourraient non seulement changer notre caractère, mais encore effacer des parties de notre mémoire. Ne serait-ce d'ailleurs pas une bonne chose pour empêcher les syndromes de stress post-traumatique (SSPT – en anglais : PTSD) ? Pensons aux victimes d'agression et de torture qui ont définitivement perdu leur tranquillité d'âme et subissent des angoisses irrépressibles : et si l'on effaçait *physiquement* l'événement traumatisant ? Mais la personne dont la mémoire serait ainsi effacée demeurerait-elle encore la même que celle qui a subi le traumatisme ? En effaçant le souvenir, n'aurions-nous pas, en un certain sens, effacé la personne elle-même ? En amont de ces craintes, en pointe une autre, antique et récurrente : si nous sommes le produit de notre cerveau et de sa biochimie, qu'en est-il de notre responsabilité et de notre libre arbitre ?

Ici apparaît une tension déjà présente en bioéthique dans les questions liées au génie génétique : si nous sommes nos gènes, quel sens cela a-t-il de nous demander de respecter l'autonomie des patients et des sujets ? Être autonome, c'est être capable de se gouverner soi-même, c'est-à-dire de décider et de mener une vie selon notre choix. Mais si tout est « écrit » dans nos gènes ? La bioéthique sonnerait-elle le glas de l'éthique ? Beaucoup se sont rassurés en apprenant que le déterminisme génétique, c'est-à-dire l'idée que « *tout* est génétique », était faux, que l'environnement jouait un rôle au moins aussi important dans ce que nous sommes. En outre, comme il n'est plus possible de nous modifier dans ce que nous sommes, nous autres adultes, en intervenant dans nos propres gènes, il suffit d'interdire les modifications génétiques au niveau des cellules germinales pour être tranquilles. Or la neuroéthique vient nous réveiller d'un assoupissement trompeur : même si notre environnement nous a modelés et continue de le faire, une

14

intervention *actuelle* sur notre cerveau est possible et peut faire de nous des êtres différents, à l'instar de Phineas Gage. Il y a un déterminisme cérébral au moins partiel, mais toujours à l'œuvre et donc toujours menaçant. Les attaques vasculaires et les tumeurs cérébrales nous le répétaient d'ailleurs depuis longtemps, mais c'était là fatalité. Maintenant, on pourrait agir ! Et même si on refuse de le faire, il n'en reste pas moins que nous sommes à la merci de toutes sortes de substances chimiques qui ne sont pas moins inquiétantes lorsqu'elles sont naturelles. Que signifie alors notre autonomie ? En 1959, dans son célèbre roman sur l'addiction, *Le Festin nu*, William Burroughs notait déjà : « Des injections de LSD 6 en alternance avec de la bulbocapnine (celle-ci activée avec du curare) présentent les meilleures garanties d'obéissance automatique [13]. » Un Témoin de Jéhovah refuse une transfusion vitale ? Un peu de substance compliférante (qui provoque la compliance, c'est-à-dire l'observation stricte des directives du médecin) l'amènera à de meilleurs sentiments !

C'est là un nouveau titre d'inquiétude, directement liée à notre identité et notre intégrité personnelles. Nous pouvons nous changer moyennant l'usage de médicaments du cerveau. Il y a à cela d'abord un aspect thérapeutique : les enfants atteints de troubles d'hyperactivité avec déficit d'attention (THADA – en anglais : ADHD) sont traités au Ritalin, une amphétamine qui, en les calmant, améliore leur capacité d'attention, diminue leur fatigue et leur permet d'être plus performants en classe – aux États-Unis, quatre millions d'enfants en prennent chaque jour et les compagnies pharmaceutiques en font directement la publicité auprès des parents en promettant des miracles [14]. En implantant des électrodes dans le cerveau – la chirurgie prenant le relais du médicament –, on supprime les tremblements des parkinsoniens, leur redonnant une capacité de mouvement normale. Certes, mais en donnant du Ritalin aux enfants *normaux*, on améliore aussi leurs performances : 20 % des collégiens américains en prennent hors prescription [15] et les

13. W. BURROUGHS, *Le Festin nu*, Gallimard, « Folio », Paris, 2002, p. 60.
14. *Cf.* The President's Council on Bioethics, *Beyond Therapy*, 2003, p. 75 et 85.
15. *Cf.* M. FARAH, « Neuroethics : a guide for the perplexed », *Cerebrum*, vol. 6, n° 4, 2004, p. 34.

enfants en âge préscolaire y recourent aussi : cette substance est prescrite jusque dans les jardins d'enfants, pour que les enseignements qu'on y dispense soient mieux assimilés [16]. En implantant des électrodes ailleurs dans le cerveau, on peut supprimer l'appétit – ce qui n'est pas sans intérêt pour le traitement des obèses ou de ceux qui veulent maigrir [17] –, voire stimuler le plaisir (le nirvana à volonté). Création de cyborgs ? Pas plus semble-t-il qu'avec l'usage de *pacemakers*, si ce n'est que l'organe aidé est différent et donc que les conséquences de l'incorporation de la machine dans l'être humain seront bien plus profondes. Sur ce point, il est intéressant de noter que, chez des singes qui ont été entraînés à mouvoir par la pensée un bras articulé par l'intermédiaire d'un implant, on a observé l'émergence de neurones signifiant que le bras avait été « incorporé [18] ». *Beyond Therapy* – au-delà de la thérapie –, c'est le titre d'un rapport du Conseil du président étasunien pour la bioéthique qui date de 2003, ce même Conseil ayant tenu plusieurs séances en 2004 sur la neuroéthique. Carl Elliott, de son côté, a intitulé son ouvrage sur l'amélioration pharmacologique et technologique : *Better than Well*, mieux que bien [19].

Ici aussi, le génie génétique avait précédé les neurosciences, mais le risque se matérialise : nous n'avons actuellement pas la moindre idée de la manière d'« améliorer » l'être humain par la génétique pour le rendre plus intelligent ou plus moral – nous pouvons toutefois, au moyen du diagnostic préimplantatoire (DPI), éliminer les embryons qui n'ont pas les caractères que leurs parents désirent, dans la mesure (croissante) où il nous est possible de les identifier. Nous avons déjà bien plus que des idées pour « améliorer » le fonctionnement cérébral et, par là, l'être humain lui-même. Ici, les deuxième et troisième principes de la bioéthique – ne pas nuire et être bienfaisant – se troublent déjà : chacun souhaite que ses enfants bénéficient des meilleurs atouts ; s'ensuit-il qu'il soit bon, voire obligatoire, de leur

16. *Cf.* M. SANDEL, *The Case Against Perfection*, Harvard University Press, Cambridge, 2005, p. 60.

17. *Cf.* Ben CARSON, *in* President's Council on Bioethics, 25 juin 2004 : « Vous stimulez le noyau latéral de l'hypothalamus, et ils ne veulent plus manger. »

18. *Cf.* E. McGEE et G. MAGUIRE, « Becoming borg to become immortal », *Cambridge Quarterly of Healthcare Ethics*, n° 16, 2007, notamment p. 299.

19. C. ELLIOTT, *Better than Well*, Norton & Company, New York, 2003.

16

administrer du Ritalin ? Plus généralement, en comprenant mieux le fonctionnement du cerveau, nous pourrons améliorer nos méthodes d'éducation ; mais pour aller où ?

Les problèmes que je viens d'exposer ne sont pas tous vraiment nouveaux, je l'ai dit, et il existe une tendance à regrouper les questions éthiques suscitées par le développement récent des sciences et des technologies sous l'acronyme NBIC : nano-bio-info-cogno-technologies. La bioéthique s'était effectivement déjà fait l'écho de ces préoccupations et, bien avant, les questions du libre arbitre et de l'amélioration de l'être humain avaient été posées. Dans l'Antiquité, Diogène Laërce rapporte cette anecdote à propos de Zénon : « [Zénon] faisait fouetter un esclave qui, dit-on, avait volé. Comme ce dernier disait : "C'est mon destin de voler", il dit : "Et d'être fouetté" [20]. » Platon rêvait d'améliorer sinon des individus, du moins la société – sa visée était eugéniste, ce que n'est généralement pas le méliorisme (*enhancement*) du cerveau (dans cet ouvrage, j'utiliserai plutôt l'expression « neuroamélioration »). Aujourd'hui, il s'agit souvent – *o tempora o mores* – de donner un avantage compétitif à ses enfants ou au moins d'empêcher un désavantage (si mon enfant est plus dissipé que les autres ; si tous les petits camarades de mon enfant prennent du Ritalin...) – d'où l'impression que ceux qui le font trichent : ils ne respectent pas les règles du jeu, afin de gagner à tout prix. Les neurosciences permettent donc de préciser bien des choses et surtout de commencer à prédire et à intervenir, ce dont nous étions jusqu'il y a peu largement incapables.

Dans cet ouvrage, je vais examiner deux des questions que je viens de soulever, celles de la place et du rôle de la responsabilité et de la liberté dans une conception de l'être humain éclairée par les neurosciences, ainsi que les tentatives d'amélioration de l'être humain, notamment par l'usage des médicaments du cerveau. J'en aborderai encore deux autres qui leur sont liées : le rôle des émotions dans nos décisions éthiques, ainsi que l'usage et les limites de l'imagerie cérébrale dans notre connaissance de l'être humain. Ce ne sont pas les seules que la neuroéthique soulève, mais elles sont au premier rang de

---

20. DIOGÈNE LAËRCE, *Vies et doctrines des philosophes illustres*, LGF, Paris, 1999, p. 805.

celles qui m'apparaissent comme ayant les conséquences philosophiques et éthiques les plus profondes.

Avant de m'expliquer sur ce point, j'aimerais mentionner d'autres enjeux neuroéthiques, afin de dessiner une carte un peu plus complète du domaine, mais sans m'y arrêter particulièrement. Certains sont liés au statut de la personne humaine. Par exemple, on peut transplanter des cellules provenant de cerveaux humains dans le cerveau d'animaux, créant par là une chimère [21]. La possibilité de telles expériences suscite objections et émotions, concernant notamment l'intégrité des espèces et la dignité humaine, que le débat datant maintenant d'une dizaine d'années sur les xénotransplantations avait déjà provoquées, mais de manière moins forte, les tissus et organes dont on envisageait la greffe étant bien moins liés à notre identité que le cerveau. L'étude du cerveau des animaux, et particulièrement des primates, va d'ailleurs probablement nous obliger à repenser nos rapports avec eux. C'est d'abord le cas sur le plan proprement moral, où il est possible que la comparaison nous entraîne à réviser l'anthropocentrisme de notre éthique, et ensuite sur le plan de l'anthropologie : l'étude du fonctionnement proto-moral des primates nous apprend bien des choses sur notre propre comportement moral, complétant ce que la primatologie nous a déjà enseigné. Bref, le statut moral de l'être humain et celui des autres animaux pourraient s'en voir modifiés.

Une autre question rouverte par les progrès en neurosciences concerne le critère et la définition de la mort : on a actuellement adopté un critère cérébral (une personne est décédée lorsque son cerveau ne fonctionne plus, y compris le tronc cérébral) ; cela pourrait changer si l'on arrivait à comprendre plus précisément comment la mort survient. Or l'éthique est particulièrement concernée par cette question, ainsi que par celle des états végétatifs et des comas, sur lesquels l'examen de notre cerveau devrait aussi nous en apprendre plus. Si les connaissances que nous allons acquérir à propos du fonctionnement du cerveau en fin de vie sont importantes pour la morale, il en va de même pour celles qui concernent le début de la vie : beaucoup

---

21. H. GREELY *et al.*, « Thinking about the human neuron mouse », *The American Journal of Bioethics*, n° 5, 2007, p. 27-40.

considèrent qu'il faut distinguer l'apparition de l'être humain de l'apparition de la personne, cette dernière étant considérée, depuis Boèce jusqu'à la Déclaration des droits de l'homme, comme un individu doué de raison[22]. Mais quand un être humain devient-il un être rationnel ? Ici aussi, les neurosciences pourront nous apporter des éléments de réponse, nous aidant à mieux apprécier le statut moral d'êtres humains comme les fœtus.

La question du statut moral des êtres, si elle est importante pour l'éthique, est d'abord une question ontologique. Sur un plan plus strictement éthique, on pense bien sûr aux applications militaires et aux techniques de manipulation des personnes que pourraient permettre les neurosciences. Mais, dans le domaine civil, les usages possibles des neurosciences ne sont pas moins préoccupants ; par exemple, les résultats de l'imagerie pourraient être utilisés par des employeurs ou des assureurs (trop) soucieux de leur intérêt pour limiter les risques liés au recrutement ou à la prise en charge des individus. En outre, l'imagerie provoque parfois des découvertes fortuites d'anomalies cérébrales – entre 2 et 8 % des cerveaux présentent des anomalies cliniquement significatives[23]. Comment concilier tout cela avec le respect de la vie privée ? On le voit, les applications des neurosciences sont un très bon exemple de technologies à usage double (*dual use*), bienfaisant et malfaisant.

Certaines de ces questions ne paraîtront pas moins fondamentales que celles que j'ai l'intention d'examiner ; pourquoi alors me borner à ces dernières ? Parce que mon projet principal est de mieux comprendre la nature de la vie morale et de l'agir humain, et que les quatre sujets que j'ai retenus y contribuent de manière décisive, puisqu'ils concernent respectivement la place des émotions dans l'éthique, la nature de notre responsabilité, le fonctionnement moral à la lumière de l'imagerie cérébrale, et l'épanouissement ou l'accomplissement de l'être humain (l'acceptation de notre nature ou son amélioration).

Sujet de l'ouvrage

---

22. *Cf.* B. BAERTSCHI, *La Valeur de la vie humaine et l'intégrité de la personne*, *op. cit.*, chap. 3.
23. *Cf.* Dana Alliance for Brain Initiatives, *The 2006 Progress Report on Brain Research*, disponible sur <www.dana.org>, p. 47.

Parallèlement et en filigrane, je poursuis un second objectif. Certains auteurs ne sont pas embarrassés de scrupules méthodologiques et concluent dans un même mouvement des découvertes neuroscientifiques aux conclusions neuroéthiques. Ainsi, les neurosciences seraient à même d'établir des vérités philosophiques, ou pour le moins d'éliminer définitivement des erreurs philosophiques. C'est bien sûr naïf : avec un peu d'ingéniosité conceptuelle, le partisan de (presque) n'importe quelle conception philosophique ou métaphysique est capable de sauver sa théorie d'une découverte apparemment falsifiante (au sens que Popper a donné à ce terme). Il est facile de comprendre pourquoi : les théories philosophiques et métaphysiques ne sont pas réfutables, car ce ne sont pas des théories empiriques. Toutefois, comme je tenterai de le montrer, face à ce que nous apprenons du fonctionnement cérébral de l'être humain, à moins d'une ingéniosité confinant à la subtilité sophistique, il devient de plus en plus difficile de soutenir certaines positions philosophiques. Autrement dit, à mon sens et pour paraphraser Leibniz, les neurosciences inclinent, mais sans nécessiter, vers certaines conceptions anthropologiques et éthiques, en bref, vers une conception philosophique naturaliste, matérialiste et déterministe, et tendent donc vers une éthique naturaliste. Les neurosciences devraient donc nous amener à modifier la conception traditionnelle de l'être humain qui est souvent implicite dans les positions éthico-anthropologiques actuellement adoptées par le sens commun, conception que nous a, pour l'essentiel, léguée un christianisme vu à travers un prisme cartésien. Il s'agit souvent d'un cartésianisme de sens commun ou « populaire », parfaitement exprimé par Cleveland, héros du roman du même nom (qui porte comme sous-titre : « Le philosophe anglais »), écrit par l'abbé Prévost :

> Je me situai dans le premier moment où l'on peut supposer qu'un homme commence à faire un libre usage de sa raison. N'ayant rien de plus présent que lui-même, c'est sur son propre être que sa première attention doit tomber. Il en examine la nature ; il reconnaît qu'elle est composée. Deux substances différentes, et d'inégale dignité dans leur essence, se trouvent unies et comme confondues pour produire des actions qui leur sont communes [24].

---

24. A. PRÉVOST D'EXILES, *Cleveland*, Desjonquères, Paris, 2003, p. 484.

Dualisme, accès à soi-même introspectif parfaitement fiable, voilà ce qui, pour le sens commun, caractérise bien souvent la conception que nous avons de nous-mêmes, et que les neurosciences contribuent à remettre en question.

Ceux qui estimaient déjà que la conception que je vais défendre était la bonne préféreront sans doute dire que les neurosciences y ajoutent une confirmation.

Conation : impulsion déterminant un acte, un effort qqc.
Conatif : relatif à la conation

Un peu d'histoire

Un peu d'histoire permettra encore de mieux prendre la mesure du sujet.

L'être humain a toujours tenté de pénétrer les secrets de sa propre nature ; ses facultés tant mentales que morales ont éveillé sa curiosité. Or, dès l'Antiquité, il a tracé un lien entre les deux. La plus ancienne carte mentale dont nous disposons remonte à Platon qui, dans le *Phèdre*, présente une image de l'âme humaine comme formée de trois facultés : la raison, qui doit gouverner, et les passions, elles-mêmes divisées entre le désir (*epitumia*) et le courage (*thumos*), manifestant respectivement l'aspect affectif et l'aspect conatif de notre vie sensible. C'est ce que le Moyen Âge appellera le concupiscible (la convoitise, la sensualité) et l'irascible (la colère, le courage), soulignant immédiatement le rapport des émotions avec les vertus. La division des pouvoirs de l'âme proposée par Aristote (âme végétative, sensitive et rationnelle) donnera elle aussi lieu à une interprétation éthico-psychologique par la philosophie scolastique, à travers la doctrine des inclinations fondamentales : inclination à être et à vivre, inclination à se reproduire par procréation sexuée, et inclination à se comporter d'une manière rationnelle – autant d'inclinations à portée normative qui, lorsqu'elles sont violées, sont la source des péchés contre nature.

Manifestement, notre vie morale a d'emblée été pensée comme articulée à notre vie mentale, en particulier sous l'angle des rapports entre la raison et les passions. Ce lien ne sera pas rompu avec la Modernité – on aura l'occasion de s'en rendre compte abondamment –, mais un autre problème va passer sur le devant de la scène avec l'avènement de la physique nouvelle

21

et du dualisme psychophysique qui l'accompagne : celui du siège de l'âme. On connaît la doctrine de Descartes sur ce point (notre âme est située « dans » la glande pinéale, d'où elle observe et modifie le mouvement des esprits animaux qui circulent dans les nerfs, afin tout à la fois de prendre connaissance du monde et d'agir sur lui). Les débats iront bon train après lui et les disputes sur la localisation exacte de l'âme aussi. Mais restera ouverte, pour les dualistes, la question de la manière dont l'âme ou l'esprit agit sur le cerveau (comme on le verra, des neurobiologistes dualistes comme Eccles et Libet en proposeront une certaine conception), et, pour les matérialistes, la question de la manière dont états cérébraux et états mentaux sont articulés.

L'idée de la localisation cérébrale des facultés mentales connaît un renouveau avec la phrénologie. Au début du XIXe siècle, cette « science » remporte un franc succès : son fondateur, Franz Joseph Gall, prétend pouvoir déterminer les facultés d'un être humain en palpant son crâne et, selon les bosses et creux rencontrés, ses talents principaux. L'éthique aussi y est intéressée – que faire si l'on découvre la bosse du crime chez un enfant ?, question qui rebondit actuellement avec ce qu'on appelle la phrénologie préventive –, mais déjà certains philosophes doutent du caractère ainsi fragmenté de l'esprit humain (c'est-à-dire, pour prendre un concept contemporain : de sa *modularité* [25]). Par exemple, Maine de Biran objecte à Gall : « Comment allier avec l'unité du moi ces actes de perceptions, de souvenirs, de jugements, représentés comme multiples et répartis entre plusieurs divisions cérébrales sans rendez-vous commun ? » C'est là l'expression élargie du problème que les sciences cognitives appellent aujourd'hui *the binding problem* : comment assurer l'unité de la perception et de la conscience si tout est disséminé dans des parties du cerveau ? Par ailleurs, la cartographie du cerveau que Gall établit, d'où tire-t-elle ses titres ? Pourquoi telle liste de facultés et non telle autre ?

> Avant d'affirmer que tel maniaque ou aliéné exerce actuellement une faculté partielle, telle que l'attention ou la contemplation,

---

25. *Cf.* R. STAINTON (dir.), *Contemporary Debates in Cognitive Science*, Blackwell, Oxford, 2006, chap. 1-3

pendant que d'autres opérations intellectuelles, comme le jugement ou la mémoire, demeurent sans exercice, à cause d'une altération ou lésion organique de leur siège, il faudrait bien fixer d'abord le sens psychologique qu'il est permis d'attacher à ces termes : faculté ou opération intellectuelle, d'attention ou de jugement, etc., car le sens propre et réel de tels termes se réfère toujours à la conception réflexive d'un sujet individuel, ou d'un moi qui exerce actuellement avec conscience l'acte désigné par cela même sous le titre d'intellectuel [26].

Bref, sans psychologie introspective préalable, pas de science possible du mental.

Ces discussions resteront théoriques jusqu'au XXe siècle, où ont lieu les premières tentatives un peu systématiques d'agir physiquement sur le mental, tant dans un but de connaissance scientifique que de thérapie. José Delgado est sans doute le plus connu de ces premiers expérimentateurs. En 1965, dans une expérience célèbre réalisée en Espagne, il fait face à un taureau qui le charge, dans le cerveau duquel il a implanté des électrodes ; alors que l'animal furieux se rue vers lui, il active ces électrodes au moyen d'un signal radio, ce qui a pour effet de stopper le taureau. Dans le livre où il explique cette expérience, il note :

Il est déjà possible d'équiper des animaux ou des êtres humains avec des instruments minuscules appelés « stimocepteurs » pour la transmission et la réception de messages électroniques depuis et vers le cerveau de sujets complètement libres de leurs mouvements. La microminiaturisation des composants électroniques de l'instrument permet le contrôle de tous les paramètres de l'excitation pour la stimulation radio de trois différents points dans le cerveau, ainsi que l'enregistrement à distance de trois canaux de l'activité électrique cérébrale [27].

Ce dont il tire quelques conséquences morales :

L'individu peut croire que la réalité la plus importante est sa propre existence, mais c'est seulement un point de vue personnel. Il manque de perspective historique. L'être humain n'est-il pas en droit de développer son propre esprit ? Ce genre d'orientation

---

26. P. MAINE DE BIRAN, *Discours à la Société médicale de Bergerac*, in *Œuvres*, Vrin, Paris, 1984, t. V, p. 63.
27. J. DELGADO, *Physical Control of the Mind*, Harper & Row, NY, 1969, p. 89.

libérale est très attrayant. On doit contrôler le cerveau électroniquement. Un jour, les armées et les généraux seront contrôlés par stimulation électrique du cerveau [28].

Vaste programme ? Peut-être, mais assez inquiétant.

Inquiétantes aussi, mais pour d'autres raisons, furent les lobotomies et leucotomies entreprises dans un but psychiatrique par des médecins comme Egas Moniz et Walter Freeman – Delgado avait d'ailleurs pensé que les implants qu'il avait mis au point pourraient remplacer avantageusement ces interventions chirurgicales. On sait les difficultés qu'ont de tous temps rencontrées les psychiatres pour soigner efficacement leurs patients. Depuis les années 1950, cela va un peu mieux, grâce à la naissance et au développement de la psychopharmacologie, mais les traitements invasifs et « brutaux » n'ont pas cessé instantanément, et la chirurgie du cerveau a continué à être pratiquée parallèlement pendant quelques années. Comme le souligne Jean-Noël Missa : « La psychochirurgie illustre bien la précarité d'une discipline médicale qui, trop souvent, n'avait pas de meilleure solution que de couper des fibres du cerveau pour tenter d'améliorer – ou du moins de calmer – un malade dont plus personne ne savait très bien que faire [29]. » Actuellement, la psychochirurgie a pratiquement disparu, même si l'on intervient encore dans le cerveau, mais de manière plus douce et réversible, par la stimulation cérébrale profonde : des électrodes y sont implantées, qui permettent, ainsi que je l'ai déjà mentionné, de soigner les symptômes de certaines maladies comme celle de Parkinson. On a aussi certains espoirs, grâce à ces implants, de pouvoir faire revenir à eux les patients dans ce coma que constitue l'état minimalement conscient, trop souvent confondu avec l'état végétatif chronique [30]. La pharmacologie, en revanche, continue son essor ; elle est même sortie du domaine strictement médical, pour se mettre au service de l'amélioration des performances. Le dopage sportif en est un domaine particulièrement visible (bien qu'il soit question ici

28. J. DELGADO, *Congressional Record*, vol. 118, n° 26, 24 février 1974.
29. J.-N. MISSA, *Naissance de la psychiatrie biologique*, PUF, Paris, 2006, p. 198.
30. *Cf.* N. SCHIFF et J. FINS, « Hope for "comatose" patients », *in* W. GLANNON, *Defining Right and Wrong in Brain Science, op. cit.*

d'agir au niveau des performances physiques, et non mentales), mais c'est l'arbre qui, bientôt, pourrait cacher la forêt.

Si nous pouvons soigner les maladies mentales, nous en comprenons encore très mal l'étiologie. Il y a bien sûr des hypothèses : « Au terme d'environ un siècle de spéculations sur l'étiopathologie de la schizophrénie, l'hypothèse la plus en vogue aujourd'hui postule que la maladie serait due à des anomalies précoces du développement du cortex cérébral au cours de l'ontogenèse [31]. » Pour en savoir plus, nous possédons maintenant des instruments d'investigation puissants, les scanners, permettant de lire la structure et les fonctions du cerveau. Électroencéphalogrammes (EEG), tomographie par émission de positrons (PET), résonance magnétique (IRM) sont quelques-unes des techniques utilisées à cet effet [32]. Elles nous apprennent aussi bien des choses sur le fonctionnement normal du cerveau ; peuvent-elles nous dévoiler notre nature, objet d'investigation des philosophes depuis l'aube des temps et des scientifiques plus récemment ? C'est somme toute la question à laquelle je vais essayer de répondre.

---

31. J.-N. MISSA, *Naissance de la psychiatrie biologique, op. cit.*, p. 372.
32. Pour une liste et une description de ces techniques, y compris leurs limitations, *cf.* J. ILLES, E. RACINE et M. KIRSCHEN, « A picture is worth 1 000 words, but which 1 000 ? », *in* J. ILLES, *Neuroethics, op. cit.* ; *cf.* aussi W. GLANNON, *Bioethics and the Brain, op. cit.*, p. 46.

1

Le rôle et la place des émotions dans l'éthique

Nous sommes des êtres moraux, capables de porter des jugements de louange et de blâme sur nos actions ; cette caractéristique, pour bien des auteurs, constitue notre dignité et nous assure une place éminente parmi les êtres vivants : par là, nous sommes des *personnes*. De nos jours, Tristram Engelhardt formule cette conception classique ainsi : « Ce qui caractérise les personnes est leur capacité d'être conscientes d'elles-mêmes, rationnelles et sensibles à la valeur du blâme et de la louange [1]. » Mais quelle est la nature de notre vie morale ? Le débat autour de cette question est ancien ; l'étude du cerveau comme moyen de d'y répondre l'est moins, quoiqu'elle ait aussi son histoire.

Au début du XIXᵉ siècle, Pierre-Jean-Georges Cabanis rapporte en ces termes les résultats de l'examen par certains de ses confrères du cerveau d'aliénés décédés :

> Des anatomistes exacts sont cependant enfin parvenus, touchant les divers états de ce viscère, à quelques résultats assez généraux et constants. Ils ont trouvé, par exemple, le cerveau d'une mollesse extraordinaire chez des imbéciles ; d'une fermeté contre nature chez des fous furieux ; d'une consistance très inégale, c'est-à-dire sec et

---

1. H. T. ENGELHARDT, *The Foundations of Bioethics*, Oxford University Press, Oxford, 1986, p. 107.

27

dur dans un endroit, humide et mou dans un autre, chez des personnes attaquées de délires moins violents [2].

Comme notre médecin est aussi philosophe, il interprète ensuite ces observations anatomiques sur la consistance cérébrale au plan mental (qu'on appelle alors *moral*), arguant notamment à propos des personnes délirantes qu'« il est aisé de voir que [...] il y a discordance entre les impressions, puisque les parties qui les reçoivent se trouvent dans des dispositions si différentes, et que, par suite, les comparaisons portant sur de fausses bases, les jugements doivent nécessairement être erronés ». De la consistance irrégulière du cerveau à l'inconsistance des pensées, la conséquence est bonne. En outre, comme les pensées motivent l'action, le caractère inapproprié, voire immoral de la seconde résulte de l'inconsistance des premières. Cela reste alors très général – c'est un commencement –, mais de nos jours, on peut évidemment faire beaucoup mieux. Steven Hyman rapporte les résultats obtenus par certains de ses confrères en ces termes :

> L'imagerie cérébrale permet d'étudier les réponses inconscientes à des situations sociales. [...] Des expériences dans plusieurs laboratoires ont établi que lorsqu'on montre à des sujets des images de faciès d'un type qui ne leur est pas familier, nombre d'entre eux activent une structure cérébrale appelée l'amygdale en fonction de l'appartenance raciale de la personne qui figure sur l'image. Or l'amygdale est notamment impliquée dans le traitement d'émotions comme la peur et la colère [3].

Ici aussi, l'interprétation psychologique est immédiate : « Ces données suggèrent une réaction émotionnelle biaisée rapide et négative de la part du sujet, lorsqu'il se trouve en présence de personnes d'une race différente de la sienne. » Bien sûr, ajoute encore Hyman, cela n'implique pas une manifestation d'hostilité, ni même une conscience de ces réactions, mais il n'en reste pas moins que de telles expériences suscitent de multiples interrogations.

Les expériences rapportées par Hyman ont un lien direct avec la question de la nature de notre vie morale, même si elles ne

---

2. P.-J.-G. CABANIS, *Rapports du physique et du moral de l'homme*, Slatkine, Genève, 1980, p. 93.
3. S. HYMAN, « The brain's special status », *Cerebrum*, vol. 6, n° 4, 2004, p. 11.

l'épuisent pas : à supposer que son interprétation soit juste, quelles sont ses implications éthiques ? Par là, j'entends me demander deux choses. D'abord, ces expériences justifieraient-elles des attitudes partiales comme le racisme et les diverses formes de chauvinisme, ce qui, si c'était le cas, exigerait une réforme importante de nos conceptions morales, ou du moins de certaines d'entre elles, puisque l'impartialité a classiquement été considérée comme un trait fondamental de l'éthique ? Ensuite et plus généralement, les émotions, à savoir des états subjectifs, ont-elles un rôle à jouer dans la morale et lequel ? Il y a ici trois groupes de données : neurologiques, psychologiques et morales ; pour passer de l'un à l'autre, il est nécessaire d'interpréter, c'est-à-dire de construire des hypothèses. Je ne m'occuperai pas pour l'instant du passage du neurologique au psychologique dans son principe, le tenant momentanément pour acquis [4]. Ce qui m'intéresse à cette étape, c'est le passage suivant, celui du psychologique au moral, ce qui n'est d'ailleurs pas sans effet rétroactif sur la manière dont on caractérise le psychologique, ainsi qu'on le verra.

La morale contre la nature humaine

Chaque fois que nous voyons un faciès étranger, nous éprouverions peur et colère inconscientes, bref, une forme de haine. C'est là l'hypothèse suggérée par Hyman, dont je vais partir – il y aurait aussi bien à dire sur la possibilité que de véritables émotions soient inconscientes, mais je ne m'y arrêterai pas [5]. Il s'ensuit que nous serions naturellement racistes. S'il est *dans notre nature* d'être racistes, la morale doit-elle approuver cette attitude (puisque tout être humain désire réaliser sa vraie nature) ou la condamner ?

Notre tradition occidentale a majoritairement pris position en faveur du second terme de l'alternative ; elle l'a même souvent justifié théologiquement : la nature humaine a été souillée par le péché originel, elle n'est donc plus un guide sûr, il faut par

---

4. J'y reviendrai au chap. 3.
5. Freud lui-même le niait : « Il est de l'essence d'un sentiment d'être perçu, donc d'être connu de la conscience », *Métapsychologie*, Gallimard, Paris, 1940, p. 82.

conséquent la surveiller et même fréquemment la réprimer. À cet effet, nous disposons de normes éthiques qui nous commandent notamment d'aimer notre prochain comme nous-même, ce qui nous enjoint non pas de ne pas éprouver de sentiments haineux – cela est au-dessus de nos faibles forces –, mais de ne pas en faire des guides pour notre conduite. Bref, notre vie affective (sentiments, émotions et passions) n'est pas susceptible de nous fournir des mobiles d'actions conformes à la morale, du moins lorsqu'elle n'est pas en accord avec les exigences de la raison – car parfois elle l'est, dans l'*amour* du prochain justement. La morale doit donc jouer un rôle essentiellement répressif.

Cette conception des rapports entre la morale et la psychologie (la nature humaine) a aussi reçu des interprétations laïques. Kant en est un bon exemple, lui qui affirme clairement que la loi morale – l'impératif catégorique – ne peut dériver de nos inclinations, c'est-à-dire de notre sensibilité affective, ni les suivre, mais doit émaner de la raison elle-même :

> Il ne faut pas du tout se mettre en tête de vouloir dériver la réalité du principe [moral] à partir de la constitution particulière de la nature humaine. [...] Ce qui est dérivé de la disposition naturelle propre de l'humanité, ce qui est dérivé de certains sentiments et de certains penchants, [...] tout cela peut bien nous fournir une maxime à notre usage mais non une loi, un principe subjectif selon lequel nous pouvons agir par penchant et inclination, non un principe objectif d'après lequel nous aurions l'ordre d'agir, alors même que tous nos penchants, nos inclinations et les dispositions de notre nature y seraient contraires [6].

Notre vie affective est donc plutôt un obstacle à la vie morale, si bien qu'il s'agit de la mettre entre parenthèses lorsque nous nous demandons ce que nous devons faire, le philosophe de Königsberg allant jusqu'à dire : « Les inclinations mêmes [...] ont si peu une valeur absolue qui leur donne le droit d'être désirées pour elles-mêmes que, bien plutôt, en être pleinement affranchi doit être le souhait universel de tout être raisonnable [7]. »

---

6. E. KANT, *Fondements de la métaphysique des mœurs*, Vrin, Paris, 1980, p. 100-101.

7. *Ibid.*, p. 104.

Ah ! si nous n'étions pas des êtres doués de sensibilité et étions affranchis de toute vie affective, la morale y trouverait mieux son compte ! Vœu pie pour Kant, l'éradication des passions a toutefois été un programme moral pour une école de l'Antiquité, le stoïcisme. Pétrarque s'en inspire lorsqu'il proclame : « Désarme tes désirs et tes colères : tu auras pleinement conquis la paix de l'âme[8]. » Les désirs, et particulièrement la colère, proche de la haine : Sénèque a écrit un ouvrage intitulé *De ira*, où il fait de cette émotion la source des plus grands maux moraux et la décrit comme une « passion qui est plus que toute autre affreuse et enragée[9] ». À celui qui objecte : « Il est impossible de bannir de l'âme toute colère, la nature humaine ne le souffre pas », il rétorque : « Tout ce que l'esprit s'impose, il l'obtient[10]. »

On conviendra aisément que colère et haine sont des émotions néfastes, mais n'en existe-t-il pas de positives, par exemple ces sentiments moraux comme la bienveillance et la compassion qui nous poussent à bien faire ? Ainsi Adam Smith a-t-il écrit une *Théorie des sentiments moraux*. Tous ces auteurs, y compris Smith, concèdent certes que certains sentiments peuvent nous pousser au bien, mais nient toutefois que, par là, nous nous comportions vraiment moralement. À cet effet, il faut user de sa raison, qui seule assure l'universalité et l'impartialité requises : il ne suffit pas d'avoir des *mobiles* pour agir, il faut surtout avoir des *raisons*. Ainsi, ce n'est pas à la nature humaine qu'il faut faire confiance mais uniquement à la raison – on pourra aussi dire qu'il ne faut s'appuyer que sur la partie rationnelle de la nature humaine. Bref, la vie sensible et affective est un danger pour la moralité ; dès lors, ce que les neurosciences découvrent de son fonctionnement n'a pas à nous troubler puisque cela n'a rien à faire avec notre personnalité morale. Tout au plus, si nous devenons conscients de notre racisme inné, cela rend plus impérieuse ou plus difficile la tâche morale de ne pas nous en inspirer pour agir. Les émotions nous emprisonnent dans leur partialité, seule la raison nous en

---

8. PÉTRARQUE, *Contre la bonne et la mauvaise fortune*, Payot & Rivages, Paris, 2001, p. 118-119.
9. SÉNÈQUE, *De ira*, in *Entretiens*, Laffont, Paris, 1993, p. 110.
10. *Ibid.*, p. 135.

délivre en nous conduisant à adopter un point de vue impartial – universalité de l'impératif catégorique suivant Kant ou spectateur désintéressé suivant Smith et l'utilitarisme [11]. De ce point de vue, les questions que pose Hyman à la suite de son compte rendu ne sont pas vraiment pertinentes et ne sauraient mettre en jeu notre identité, comme il paraît le croire dans un style quelque peu postmoderne : « Les résultats [...] pourraient ébranler le concept de soi qu'a le sujet (suis-je réellement une personne moralement bonne si mon amygdale *réagit* ? Quel est mon "vrai moi" ? Existe-t-il un "vrai moi" ?). » Somme toute, la nécessité de faire taire nos désirs et inclinations au nom de la morale n'est-elle pas une injonction classique ?

La morale à l'écoute de la nature humaine

Je pourrais en rester là, signifiant ainsi que les données neurologiques cadrent très bien avec les conceptions traditionnelles de l'éthique qui sont encore dominantes actuellement. Le déontologisme kantien d'un côté, pour lequel droits et devoirs forment la trame de notre vie morale, et l'utilitarisme de l'autre, selon lequel nous devons nous efforcer de maximiser le bonheur du plus grand nombre, en tombent d'accord : l'impartialité est un principe moral fondamental et, dans la mesure où nos émotions nous en écartent, nous devons ne pas en tenir compte si nous voulons nous comporter conformément avec ce que la morale exige.

Toutefois, cette conclusion rassurante pourrait bien être trompeuse. En effet, les neurosciences jettent encore un doute sur le concept du moi moral sur lequel s'appuient tant les stoïciens que Kant et les utilitaristes. Antonio Damasio le souligne à propos d'Elliot qui, comme on l'a vu, souffre d'une lésion similaire à celle de Gage : « Sa façon de raisonner totalement de sang-froid pouvait l'empêcher d'attribuer des poids différents aux diverses solutions qui s'offraient à lui [12]. » Les personnes

---

11. Doctrine que Charles Dickens a épinglé tout au long de ses œuvres, comme lorsqu'il mentionne « certains philosophes au jugement profond [...] [qui] écartent entièrement toute considération de cœur comme d'impulsions et de sentiments généreux » (*Les Aventures d'Oliver Twist*, Gallimard, Paris, 1958, p. 120).

12. A. DAMASIO, *L'Erreur de Descartes*, *op. cit.*, p. 81.

ainsi touchées ne sont plus capables de prendre des décisions adéquates parce qu'elles n'éprouvent plus d'émotions ; cela à leur détriment, mais aussi à celui des autres. Un test mis au point par A. Bechara, membre du même laboratoire que Damasio, le Iowa Gambling Task, l'illustre bien. Le sujet est placé face à quatre tas de cartes et reçoit 2 000 euros (en billets de Monopoly). Le but du jeu est de gagner le plus d'argent possible. À cet effet, le sujet est invité à retourner une carte au choix sur l'un des quatre tas. Les cartes des tas A et B rapportent 100 euros, alors que celles des tas C et D ne rapportent que 50 euros. Cependant, parfois, au lieu d'un gain, une carte entraîne une perte, significative pour les tas A et B, faible pour les tas C et D. Il en résulte que choisir régulièrement des cartes dans les tas C et D rapporte plus. Au début, placés dans les conditions de cette expérience, les sujets normaux retournent plus fréquemment les cartes des tas A et B, puis, voyant ce qu'il en résulte, portent leur choix sur les cartes des tas C et D. En revanche, les patients atteints d'une lésion du lobe préfrontal ventromédian – ce dont souffrent Gage et Elliot – continuent à choisir les cartes des tas A et B, jusqu'au moment où il ne leur reste plus rien, ce qui termine le jeu, alors que nombre d'entre eux sont tout à fait capables de dire lesquels des tas sont bénéficiaires et lesquels ne le sont pas. Leur compréhension cognitive est déconnectée de leur action : il ne leur suffit pas de savoir ce qui est bon pour qu'ils le fassent [13].

Damasio pense pouvoir généraliser ainsi la leçon de ce test et de bien d'autres : « Il semble sensé de suggérer que les sentiments ont constitué un fondement nécessaire pour les comportements éthiques bien avant que les êtres humains aient commencé à édifier de façon délibérée des normes intelligentes de conduite [14] » – Damasio distingue les émotions des sentiments ; pour mon propos, cela n'a pas d'importance. L'idée est la suivante : dans le test proposé, les personnes normales changent de stratégie lorsqu'elles se rendent compte que celle qu'elles avaient d'abord adoptée est mauvaise, c'est-à-dire qu'elle va contre leur intérêt. Elles le font même avant d'en

---

13. *Cf.* S. ACKERMAN, *Hard Science, Hard Choices*, Dana Press, New York, 2006, p. 47.
14. A. DAMASIO, *Spinoza avait raison*, Odile Jacob, Paris, 2003, p. 163.

prendre explicitement conscience. Si les personnes atteintes ne changent pas, c'est qu'elles sont incapables de prendre correctement leur intérêt en compte, par incapacité émotionnelle, bref, par une forme d'inaptitude à l'amour de soi. Et il en va exactement de même lorsqu'il s'agit d'agir dans l'intérêt d'autrui : les personnes peuvent dire ce qui est correct, sans pour autant agir en conséquence. Un autre neurobiologiste, Michael Gazzaniga, tire les mêmes conclusions : pour lui, les résultats de la recherche suggèrent que, « lorsque quelqu'un veut *agir* sur la base d'une croyance morale, c'est parce que la partie émotionnelle de son cerveau est devenue active [15] », en ce sens que la morale ne nous interpelle que si la situation où nous nous trouvons nous concerne émotionnellement.

Les moralistes traditionnels ont donc vraisemblablement tort : si l'éthique s'appuie nécessairement sur des émotions pour mener à l'action correcte, comment pourrait-elle se retourner contre elles sans se dénaturer ? On peut ainsi mesurer l'impact que les neurosciences ont sur l'anthropologie philosophique et la morale. Certes, Damasio se trompe quelque peu lorsqu'il conclut : « L'observation de patients tels qu'Elliot suggère que la froide stratégie invoquée par Kant et d'autres auteurs ressemble plus à la façon dont les personnes atteintes de lésions préfrontales procèdent pour prendre une décision qu'à celle des individus normaux [16] », car il assimile la raison dont parle Kant au calcul économique du caractère approprié des moyens, ce qui est en fait plus proche de la conception qu'en ont les utilitaristes. De manière plus générale, on peut contester que, dans le test de l'Iowa, les personnes atteintes usent correctement de leur raison. Ne définit-on pas souvent la raison comme la faculté qui nous permet d'atteindre adéquatement les buts que nous poursuivons, donc comme un guide ? Ainsi, si la raison ne nous guide pas, est-elle encore une authentique raison ou seulement son simulacre ?

Cette question est importante, car elle pose le problème de la nature de la motivation morale. La vie morale n'est plus accessible aux personnes qui souffrent de lésion préfrontale, ai-je dit à la suite de Damasio. En effet, pour être motivé moralement,

---

15. M. Gazzaniga, *The Ethical Brain*, Dana Press, New York, 2005, p. 167.
16. A. Damasio, *L'Erreur de Descartes*, *op. cit.*, p. 238.

il semble bien qu'il faille qu'un élément étranger, à savoir une émotion, s'ajoute à notre jugement moral. C'est ce qu'on appelle une position *externaliste* : un jugement moral n'est jamais intrinsèquement motivant ; pour qu'il le devienne, il faut lui adjoindre un élément extérieur. Les cas de Gage et d'Elliot montreraient par conséquent que seule une position externaliste est correcte. Selon Adina Roskies, c'est exactement la conclusion qui s'impose [17] : Gage porte des jugements moraux corrects, mais ces jugements ne le motivent pas, puisqu'il n'agit pas en conséquence. La vie éthique exigerait donc la collaboration d'éléments cognitifs *et* conatifs – externalisme donc. Toutefois, comme le relève encore le même auteur, si cette conclusion est la plus plausible, elle n'est pas nécessaire : l'internalisme serait sauvé si les jugements portés par Gage n'étaient pas de *vrais* jugements moraux, car seul un vrai jugement moral peut être intrinsèquement motivant. Il est cependant plus difficile de soutenir cette thèse que la première, car l'internaliste se trouve devant une alternative peu enviable : soit il commet une pétition de principe (par définition, un jugement non motivant n'est pas moral), soit il soutient que les jugements que porte Gage et ceux que porte un individu normal, bien que pouvant être formellement équivalents et même textuellement identiques, sont en fait fondamentalement différents – les premiers ne sont pas de vrais jugements moraux, seuls les seconds sont authentiques. Ici comme sur bien des points, les neurosciences tendent à nous à faire adopter une conception particulière de la morale sans la nécessiter. Mais cette inclination a encore des conséquences pratiques : si l'externaliste a raison, alors l'éducation morale doit porter non seulement sur la formation du jugement, mais aussi sur celle des émotions ; le premier doit être correct et les secondes appropriées. Par ailleurs, il se pourrait bien que, sans le concours des émotions, le jugement moral ne puisse tout simplement pas se former. En effet, si Gage formule encore des jugements moraux corrects, c'est probablement qu'il a acquis cette capacité *avant* son accident. En l'occurrence, il existe des cas plus dramatiques, puisque, comme le souligne Neil Levy, plus une personne victime d'une

---

17. A. ROSKIES, « A case study of neuroethics », *loc. cit.*, p. 22-29.

lésion du cortex préfrontal ventromédian en a souffert tôt dans sa vie, plus ses jugements moraux sont inadéquats [18].

Les moralistes traditionnels ont donc vraisemblablement tort, ai-je dit, mais pas tous. Si les expériences mentionnées plaident contre la séparation de la raison et de l'affectivité dans la vie morale, elles apportent aussi un appui à ceux qui les unissent, à l'instar de David Hume. Pour lui, comme la raison est inerte, il faut l'alliance avec les passions pour pouvoir agir, c'est-à-dire l'alliance entre une croyance (élément cognitif) et un désir (élément conatif). Ainsi, en tant qu'elle est ordonnée à l'action, la vie morale a besoin des émotions comme élément *moteur*. Mais Hume n'est pas le seul philosophe à attribuer une fonction morale à notre vie affective ; d'autres lui confèrent même un rôle plus important, non seulement conatif, mais encore cognitif (le Hume historique d'ailleurs aussi, puisque selon lui les émotions nous permettent de tracer les « distinctions morales [19] » ; ceux qui s'en inspirent l'oublient cependant souvent). On peut encore penser à Spinoza, que Damasio mentionne jusque dans le titre d'un de ses ouvrages (*Spinoza avait raison*), mais surtout à Aristote qui, bien avant, avait affirmé le caractère central des émotions dans notre vie morale, comme l'indique la célèbre définition qu'il donne de la vertu :

> Dans la crainte, l'audace, l'appétit, la colère, la pitié, et en général dans tout sentiment de plaisir et de peine, on rencontre du trop et du trop peu, lesquels ne sont bons ni l'un ni l'autre ; au contraire, *ressentir ces émotions* au moment opportun, dans les cas et à l'égard des personnes qui conviennent, pour les raisons et de la façon qu'il faut, c'est demeurer dans une excellente moyenne, et c'est là le propre de la vertu [20].

On ne peut agir bien que si l'on éprouve les émotions qui conviennent, car elles nous permettent de saisir les biens et les valeurs en jeu.

Plus précisément, il faut distinguer ici deux questions : celle de la *place* des émotions dans la motivation morale et celle de leur *valeur*. Personne ne nie que les émotions soient motivantes,

---

18. *Cf.* N. Levy, *Neuroethics*, Cambridge University Press, Cambridge, 2007, p. 299.
19. *Cf.* D. Hume, *Traité de la nature humaine*, III, Iʳᵉ partie, section II, Flammarion, Paris, 1993.
20. Aristote, *Éthique à Nicomaque*, Vrin, Paris, 1987, p. 104-105 (je souligne).

pas même Kant ; cependant, selon lui, elles ne sont pas nécessaires puisque la raison peut motiver par elle-même (contre
Hume), et elles ne sont jamais de bons motifs en ce qu'elles
ne confèrent aucune valeur morale à l'acte (contre Aristote).
C'est pourquoi, si le but d'Aristote et de Hume est de gérer les
émotions, celui qu'envisage le philosophe de Königsberg est, à
l'instar des stoïciens, de les éradiquer. Kant ayant probablement
tort, on comprend que la vie morale ne soit plus accessible à
quelqu'un qui souffre de lésions cérébrales analogues à celles
dont Gage était affecté. Ce qui relevait du débat philosophique devient justiciable d'une analyse scientifique : on dispose désormais sinon d'une *preuve* empirique qu'Aristote et
Hume avaient raison, du moins d'une hypothèse scientifique
bien étayée en leur faveur.

Mais des deux, qui a vraiment raison ? La description des
cas de lésions préfrontales semble donner raison au second (tel
qu'on le comprend généralement) : raison et émotion paraissent
être deux éléments indépendants, purement cognitif d'un côté,
purement conatif (et affectif) de l'autre. Pourtant il y a là un
biais. En effet, l'approche suivie se fonde sur une conception
humienne de l'action ; il n'est donc pas étonnant qu'elle s'en
trouve confirmée. On s'en rend facilement compte à travers une
lecture différente, de type aristotélicien justement, qu'il est tout
autant possible de proposer. Celle-ci souligne que l'action
réclame, en plus du jugement et de la motivation proprement
dits, une capacité de valoriser, c'est-à-dire de percevoir et
d'attribuer des valeurs[21], et que c'est cette capacité-là que Gage
et ses compagnons d'infortune comme Elliot auraient perdue.
C'est la thèse défendue par Agnieszka Jaworska, pour qui « ce
qui manque à Elliot est le centre indispensable de l'aptitude à
valoriser. Quand vous valorisez quelque chose – que ce soit une
amitié ou une communauté –, votre engagement vis-à-vis de ce
quelque chose est avant tout une forme d'engagement émotionnel[22] ». Bref, les émotions ont une forte composante cognitive. Qui a raison ? ai-je demandé. Il est clair que l'imagerie

---

21. *Cf.* C. TAPPOLET, *Émotions et valeurs*, PUF, Paris, 2000, et R. DE SOUSA, *The Rationality of Emotion*, MIT Press, Cambridge, 1987, p. 45.
22. A. JAWORSKA, « Ethical dilemmas in neurodegenerative disease », *in* J. ILLES, *Neuroethics, op. cit.*, p. 95.

cérébrale n'est pas forcément apte à trancher, du moins dans l'état actuel de nos connaissances, car on voit bien qu'un partisan de la théorie humienne et celui qui estime qu'une faculté de valorisation entre encore en jeu imagineront des expériences différentes. J'y reviendrai.

L'être humain est-il partial par nature ?

On peut se réjouir que des découvertes scientifiques permettent un rapprochement entre des thèmes philosophiques et des tests empiriques, et donc d'affirmer que les émotions jouent un rôle en éthique. Mais il n'y a peut-être pas de bénéfice net ici, car il est un prix à payer, et il est moral. En effet, si l'éthique se fonde sur notre vie affective, nos réactions spontanées lui serviront en quelque sorte de base, de telle manière qu'elle ne saurait les ignorer. Or, on l'a vu, par rapport à l'étranger, notre réaction spontanée et naturelle semble être une forme de haine. Serait-ce le propre d'un être humain vertueux que de haïr l'autre ? De telles émotions seraient-elles irrépressibles au point de résister à tout effort éducatif ? Faudrait-il placer ses espoirs dans le génie génétique pour changer notre nature ? C'est ce que suggère Jonathan Glover, lorsqu'il affirme que la génétique pourrait nous aider à développer nos capacités de sympathie et d'altruisme, actuellement limitées :

> Nous avons une psychologie tribale bien adaptée pour survivre à l'Âge de la pierre. Nous avons le désir de nous identifier à un groupe, une tendance à la haine des autres groupes, à l'obéissance, à la conformité et à l'agression – nous réagissons comme membres d'une foule, à la musique émotionnelle, aux uniformes, drapeaux et autres symboles –, à l'amour de l'aventure et au risque, nous avons besoin d'un cadre conceptuel simple pour comprendre le monde et le désir de croire plutôt que de douter [23].

En réagissant ainsi, nous céderions toutefois à ce que Ruwen Ogien a appelé la « panique morale », marquée par des « déclarations pompeuses et des prophéties catastrophistes [24] »,

---

23. J. GLOVER, *What Sort of People Should There Be ?*, Penguin Books, Harmondsworth, 1987, p. 183-184.

24. R. OGIEN, *La Panique morale*, Grasset, Paris, 2004, p. 10.

manifestations de peurs démesurées et irréfléchies, que l'on rencontre encore souvent à propos de certains sujets de société comme le clonage, le mariage homosexuel ou la pornographie. Tout ce qui touche au racisme au sens large est susceptible de créer ce genre de panique, surtout s'il apparaît comme enraciné dans notre nature.

Ici comme ailleurs, la panique est mauvaise conseillère : ce n'est pas une réaction émotionnelle appropriée. En premier lieu, ce n'est pas parce que certaines émotions que nous a léguées l'évolution nous motivent de manière immorale que *toutes* les émotions sont dans le même cas. En l'occurrence, on vient de le voir, certaines émotions nous motivent de manière tout à fait appropriée. Peter Singer commet ce sophisme lorsque, à partir d'un cas où nos émotions paraissent nous détourner de la rationalité morale (le cas du « wagon fou », dont je parlerai plus loin), il estime que nos émotions ne sont jamais fiables[25]. Ensuite, il existe de bonnes raisons de penser que, même dans l'expérience rapportée par Hyman, les émotions que nous éprouvons sont appropriées. Je m'explique.

Ce que les neurosciences nous disent, c'est que nous réagissons émotionnellement aux différences raciales de manière négative. Cela se traduit psychologiquement par la peur, la colère et la haine ; mais n'aurait-il pas été tout aussi justifié de parler plutôt de méfiance ? Par là, je veux dire ceci : la peur est l'émotion que nous éprouvons lorsque nous nous trouvons face à un danger ; c'est quelque chose de tout à fait naturel car, lorsqu'elle n'est ni trop faible ni trop forte, elle nous permet de réagir adéquatement. Dans une perspective évolutionniste, on ajoutera que, si nous n'étions pas capables d'éprouver de la peur, nous aurions disparu depuis longtemps. Ce qui est inconnu est perçu comme un danger potentiel, cela aussi est naturel ; il est donc approprié d'éprouver une certaine peur face à l'inconnu. Cela est d'ailleurs en complet accord avec les expériences rapportées par Hyman, puisque, lorsque la personne racialement différente était connue, la réaction de l'amygdale était moins forte, voire inexistante – ce n'est donc pas à la race que nous réagissons, mais à l'inconnu. Toutefois, cette peur, si elle doit permettre une réaction adéquate, doit être

---

25. *Cf.* N. Levy, *Neuroethics, op. cit.*, p. 294-296.

proportionnée au danger. Par rapport à quelque chose d'inconnu, elle sera d'autant plus forte que l'on se trouve dans un contexte d'insécurité généralisée, et elle le sera d'autant moins que l'on se sent à l'abri du danger. Or nos sociétés modernes développées sont plutôt sûres ; dès lors, par rapport au danger que représente une personne inconnue, seule la méfiance paraît justifiée, et une méfiance qui sera d'autant plus mince que l'on apprend à se connaître les uns les autres, car nos émotions sont évidemment sensibles à ce que nous savons (elles ont une base cognitive) et donc à notre environnement social et culturel. Incidemment, ce constat souligne à quel point assurer la sécurité publique est une tâche primordiale pour tout État.

Si ce petit morceau de psychologie est correct, il s'ensuit que la très faible réaction émotionnelle ressentie en présence de faciès inconnus est exactement ce que l'on doit attendre de la plupart des personnes dans le contexte de relative paix sociale qui est le nôtre. Nous ne serions pas des êtres humains si nous ne réagissions pas à la présence de l'inconnu par une certaine méfiance, qui durera autant que cet inconnu le restera et qui augmentera jusqu'à la colère s'il nous veut véritablement du mal. Quant à la haine proprement dite et à sa sœur, la vengeance, peut-être s'agit-il de réactions toujours démesurées, en ce sens qu'elles ne sont jamais appropriées pour une décision raisonnable et adéquate ; je ne saurais trancher ce débat ici et la réponse n'est sans doute pas simple : l'indignation est une forme de haine, pourtant elle semble appropriée face au mal. Quoi qu'il en soit de ce dernier point, il n'existe aucune bonne raison d'éprouver de la panique morale face au socle émotionnel de notre vie éthique, même s'il manifeste une réaction négative à l'altérité, raciale notamment. La nature humaine n'en devient pas plus détestable et, à la question de Hyman : « Suis-je réellement une personne moralement bonne si mon amygdale réagit ? », la réponse doit être un « oui » décidé, tant bien sûr que cette réaction ne se traduit pas par de la haine ou du rejet, mais seulement par une certaine dose de méfiance initiale. Ce qui est approprié, c'est la méfiance, manifestation adéquate d'une émotion naturelle, non le chauvinisme ou le racisme, manifestations inadéquates et démesurées de la même émotion.

L'important est de bien comprendre que, si certaines émotions sont moralement inappropriées – elles échouent à percevoir les valeurs pertinentes dans la situation où l'agent se trouve et sont biaisées –, d'autres sont tout à fait appropriées ; c'est même la position par défaut qu'Aristote exprimait en ces termes, quoiqu'il se situât dans ce passage sur le plan du jugement moral et non des émotions :

> N'en serait-il pas comme dans le cas de notre corps : un organisme en bon état trouve salutaire ce qui est véritablement tel, alors que pour un organisme débilité ce sera autre chose qui sera salutaire [...] ? En effet, l'homme de bien juge toutes choses avec rectitude, et toutes lui apparaissent comme elles sont véritablement. C'est que, à chacune des facultés de notre nature, il y a des choses bonnes et agréables qui lui sont appropriées, et sans doute, ce qui distingue principalement l'homme de bien, c'est qu'il perçoit en toutes choses la vérité qu'elles renferment [26].

La littérature l'a illustré par de nombreux exemples ; l'un des plus frappants est le roman de Stefan Zweig, *La Pitié dangereuse*. Le passage de cette histoire, que l'auteur met en exergue, énonce la question avec clarté :

> Il y a deux sortes de pitié. L'une, molle et sentimentale, qui n'est en réalité que l'impatience du cœur de se débarrasser au plus vite de la pénible émotion qui vous étreint devant la souffrance d'autrui, cette pitié qui n'est pas du tout la compassion, mais un mouvement instinctif de défense de l'âme contre la souffrance étrangère. Et l'autre, la seule qui compte, la pitié non sentimentale mais créatrice qui sait ce qu'elle veut et est décidée à persévérer avec patience et tolérance jusqu'à l'extrême limite de ses forces, et même au-delà [27].

L'« impatience du cœur », c'est le titre du roman en allemand : *Ungeduld des Herzens*. C'est de cette pitié dont « souffre » le personnage principal du livre, le lieutenant Hofmiller, par rapport à une jeune fille infirme qui l'aime. Quant à la vraie compassion, elle a aussi son héraut : le docteur Condor, le médecin de la jeune fille infirme. Tous les deux se confrontent bientôt à son chevet et la question est de savoir qui va l'emporter. Indépendamment de l'intrigue romanesque,

26. ARISTOTE, *Éthique à Nicomaque, op. cit.*, p. 139.
27. S. ZWEIG, *La Pitié dangereuse*, in *Romans et Nouvelles*, La Pochothèque, Paris, 1995.

il apparaît clairement que la pitié et la compassion sont deux émotions suffisamment apparentées pour qu'on puisse les confondre, mais que la première est généralement inappropriée, au contraire de la seconde, car elle seule est susceptible de motiver une action vraiment efficace pour aider autrui.

Reste à savoir ce qui constitue le caractère approprié d'une émotion. On a vu que l'environnement social y joue son rôle – la peur est parfois appropriée, parfois c'est plutôt la méfiance –, et qu'une émotion peut devenir inappropriée si l'environnement change rapidement, comme c'est le cas dans les sociétés modernes : notre équipement émotionnel n'est manifestement plus adapté sur certains points. Après Glover, Damasio le souligne : « N'oublions pas que notre cerveau porte en lui la machinerie nécessaire pour réagir comme il le faisait dans un contexte très différent, il y a bien longtemps. Nous devons apprendre à dédaigner ces réactions et convaincre les autres de faire de même [28]. » Nous le devons et le pouvons, comme l'exemple des émotions racistes l'atteste. Mais pourquoi le devons-nous ? Ici, les neurosciences sont muettes et il s'agit de proposer une réponse proprement morale. À mon sens, elle ne peut s'appuyer que sur les valeurs en présence, c'est-à-dire sur ce qui mérite d'être promu et honoré dans les circonstances qui sont actuellement les nôtres (d'où l'importance de la capacité de valoriser dont parlait Jaworska). Je vais l'illustrer en poursuivant l'examen de la question des attaches particulières.

La valeur des attaches particulières

On m'objectera que si les stoïciens avaient tort de penser que *toute* émotion devait être éradiquée, si Kant errait lorsqu'il mettait hors course *toutes* nos inclinations, du moins avaient-ils raison pour certaines d'entre elles, celles qui, justement, sont liées à l'activité de notre amygdale (qui a encore bien d'autres fonctions, il convient de le préciser), même si elles ne se manifestent pas par une haine caractérisée. C'est que la méfiance est le commencement de la haine et c'est lorsque la pousse est encore tendre qu'il faut agir. Ma réponse à cette objection va

---

28. A. DAMASIO, *Spinoza avait raison, op. cit.*, p. 45.

être indirecte : je vais tenter de montrer que la méfiance n'est que l'envers d'une pièce dont le côté pile est constitué de valeurs importantes, si bien qu'éradiquer la méfiance reviendrait à nous priver de ces valeurs. Auparavant, toutefois, deux courtes remarques seront utiles. D'abord, il est étrange qu'on s'inquiète tant de la méfiance de l'autre et si peu du chauvinisme sportif, bien plus proche de la haine caractérisée de l'adversaire ; ensuite le débat entre les contempteurs et les défenseurs modérés des émotions est fort ancien, puisque Sénèque consacre de nombreuses pages de son *De ira* à combattre la position d'Aristote qui trouvait certains aspects positifs à la colère.

Avant de se pencher sur les valeurs de l'appartenance, il est intéressant de relever que les neurosciences réfutent aussi le type de conception de l'esprit que Sénèque défend, c'est-à-dire la conception holistique, au profit d'une conception modulaire, héritée des sciences cognitives. Je précise. À Aristote qui soutient que les émotions sont des affections naturelles, qu'elles peuvent et doivent être maîtrisées, et qu'elles sont inséparables de la vertu, Sénèque rétorque que, au contraire, elles ne sont pas conformes à la nature humaine, qu'elles sont le contraire de la vertu et donc qu'elles doivent être supprimées. On peut discuter longuement dans l'abstrait ou en faisant appel à des observations psychologiques pour déterminer lequel des deux a raison. Ce n'est pas mon propos, et il me suffira de montrer que la raison alléguée par Sénèque en faveur de sa thèse n'est plus recevable. Si, pour lui, les émotions ne peuvent être maîtrisées, mais seulement éradiquées, c'est parce que émotions et raisons ne sont pas deux facultés ou deux sous-systèmes de l'esprit interdépendants, mais l'esprit lui-même dans l'un ou l'autre de ses fonctionnements possibles : « Passion et raison n'ont pas un siège particulier et séparé, ce ne sont que des modifications de l'esprit en bien et en mal[29]. » Soit notre esprit est passionné, soit il est rationnel, mais il ne peut être les deux à la fois. Or cela n'est plus en accord avec ce que les neurosciences nous apprennent sur la modularité de l'esprit, et donc, sur ce point, Aristote a raison.

---

29. SÉNÈQUE, *De ira, op. cit.*, p. 115.

Cela précisé, je vais partir d'une thèse que l'on trouve déjà, elle aussi, chez les stoïciens. Dans son *De officiis*, Cicéron relève ceci :

> Il y a plusieurs degrés de société entre les hommes : à partir de celle qui s'étend sans limite à tous les hommes, il y a une société qui nous touche de plus près, celle des hommes de même famille, de même nation, de même langue, et c'est ce qui rapproche le plus les hommes ; plus intime encore est la société des gens d'une même cité [...]. Mais le lien le plus étroit est entre les proches : loin de cette société sans borne qui s'étend au genre humain, elle s'enferme dans un cercle étroit [30].

Nous vivons à l'intérieur de cercles, caractérisés par des relations de proximité plus ou moins serrées et qu'on peut même ranger de manière concentrique, du plus grand au plus petit : l'humanité, la nation, la famille. D'autres cercles s'inscrivent en intersection : le cercle des amis, celui des collègues ou celui des membres de la même religion. Comme le laisse entendre Cicéron, l'appartenance à ces cercles crée des relations, émotionnellement plus fortes lorsque les cercles sont plus étroits, et qui s'expriment positivement dans l'entraide, la solidarité ou les idéaux communs. Bien sûr, ces cercles ne sont pas exclusifs et nous faisons tous partie de plusieurs d'entre eux ; autrement dit, puisque chaque cercle est structuré par une relation de proximité, notre vie sociale est caractérisée par des proximités multiples, la plus large étant celle de l'humanité, qui fait que tout ce qui concerne l'humain nous est proche, la plus étroite étant l'amitié au sens plein du terme. Or la proximité implique la familiarité et ce qui est familier est justement ce qui n'est pas inconnu, d'où la méfiance vis-à-vis de ce qui est hors du cercle.

Cela, c'est encore de la psychologie ; que dit la morale ? Cicéron voit les choses ainsi : « Si l'on recherche envers qui l'on a les plus grands devoirs, que l'on mette au premier rang la patrie et les parents, à qui nous sommes liés par les plus grands bienfaits [31]. » L'intensité de nos devoirs est proportionnée à l'importance des biens et des valeurs en jeu et, pour un Romain,

---

30. *In Les Stoïciens*, Gallimard, « Pléiade », Paris, 1962, p. 513-514. Cicéron est un « académicien » (c'est-à-dire un disciple de Platon), mais en morale il adopte des positions de type stoïcien.
31. *Ibid.*, p. 515.

la patrie et la famille jouent un rôle prépondérant. Toutefois, les Modernes en jugent autrement, comme on le voit chez ce moraliste du XVIIIᵉ siècle, Francis Hutcheson : les actions les plus morales sont « celles qui semblent avoir la tendance la plus universellement illimitée au bonheur le plus grand et le plus étendu de tous les agents rationnels que notre influence peut atteindre. [...] De là vient qu'on condamne tous les attachements particuliers lorsqu'ils sont incompatibles avec l'intérêt des grandes sociétés, parce qu'ils marquent quelque défaut dans ce principe plus noble qui est la perfection de la vertu [32] ». Le cercle moral pertinent est celui de l'humanité et, en cas de conflit avec des attachements plus particuliers, le bien de l'humanité doit toujours l'emporter. Son successeur à la chaire de théologie morale d'Édimbourg – il s'agit d'Adam Smith – approuve, opposant « l'impulsion de cette humanité faible et partiale [aux] exigences d'une humanité plus généreuse et plus vaste [33] ». Actuellement, la majorité des éthiciens sont de cet avis : la préférence pour les proches est immorale. En voici deux exemples, parmi bien d'autres possibles. Peter Singer lie ainsi la psychologie et la morale : « Il est hors de doute que nous préférons instinctivement aider ceux qui nous sont proches. [...] La question n'est cependant pas ce que nous faisons d'ordinaire, mais elle est de savoir ce que nous devrions faire, et il est difficile de trouver une justification valide à ce que la distance, ou l'appartenance à une même communauté, induise une différence majeure dans nos devoirs [34]. » Quant à Axel Gosseries, il laisse entendre que la priorité que les parents donnent aux intérêts de leurs enfants « semble difficile à justifier au regard de l'idée de l'égal respect entre les personnes. Ainsi [...] on court le risque de violer l'exigence d'impartialité et d'égal respect [35] ».

Si ce que j'ai dit est vrai, alors il faut rejeter le type d'impartialité défendue par tous ces auteurs, déontologistes comme utilitaristes : l'éthique ne saurait être ainsi divorcée de notre vie affective, la morale ne devant pas se dresser contre la nature humaine. S'il en va ainsi, ce n'est pas parce que nous serions

---

32. F. HUTCHESON, *Recherche sur l'origine de nos idées de la beauté et de la vertu*, Vrin, Paris, 1991, p. 181.
33. A. SMITH, *Théorie des sentiments moraux*, PUF, Paris, 1999, p. 144.
34. P. SINGER, *Questions d'éthique pratique*, Bayard, Paris, 1997, p. 220.
35. A. GOSSERIES, *Penser la justice entre les générations*, Aubier, Paris, 2004, p. 104.

nécessairement soumis à notre « nature animale », au grand dam d'idéaux plus élevés, mais simplement *parce que nos émotions et nos désirs nous signalent ce qui a de la valeur*, dont la poursuite caractérise notre vie morale : l'être humain ne peut s'épanouir et se réaliser en tant qu'être humain que dans des cercles de dimension variable et c'est pourquoi ces appartenances sont si importantes pour lui. C'est cette importance que signale, à son niveau, l'agitation de l'amygdale (on ne lutte pas contre ce qui ne nous touche pas). Bien sûr, ces sentiments de proximité et d'appartenance peuvent se manifester de manière inadéquate ; ils ont été parfois exploités par de détestables doctrines qui avaient totalement perdu de vue que l'impartialité et l'égal respect sont aussi des valeurs dignes d'être protégées. Mais le remède n'est pas dans leur éradication [36].

Cela est d'ailleurs parfaitement en accord avec ce que nous apprend l'étude des bases naturelles de la morale. Frans De Waal souligne : « Dans de très nombreuses espèces, nous apercevons des signes révélant l'existence d'une sélection de parentèle : les actes d'altruisme sont préférentiellement réservés aux apparentés. Les êtres humains ne font pas exception à la règle [37]. » C'est là une constatation, c'est-à-dire un énoncé qui, en soi, n'a pas de portée normative. Mais il en acquiert une dès qu'on lui adjoint la considération des valeurs qui lui sont liées. Quant au projet impartialiste dur, il est non seulement inadéquat, comme je l'ai dit, mais serait encore impraticable : « L'idéal d'une fraternité universelle n'est pas réaliste [38]. »

La méfiance est donc une émotion naturelle, moralement bonne quand elle est appropriée. Elle est naturelle au sens où elle a une base tant neurologique qu'évolutionniste, et elle est encore naturelle au sens où il est normal et adéquat que l'être humain réagisse ainsi. Bien sûr, tout est dans la façon dont on conçoit le « ainsi », car la réaction peut être inappropriée, tant sur le plan émotionnel que sur celui de l'agir qui en dépend. Autrement dit, des attitudes détestables comme le racisme ou le nationalisme (par opposition au patriotisme), ainsi que toute

---

36. Sur ces questions, *cf.* mon article « Le charme secret du patriotisme », *in* B. BAERTSCHI et K. MULLIGAN, *Les Nationalismes*, PUF, Paris, 2002.

37. F. DE WAAL, *Le Bon Singe. Les bases naturelles de la morale*, Bayard, Paris, 1997, p. 267.

38. *Ibid.*, p. 268.

forme de chauvinisme, trouvent très probablement leur base biologique dans les mêmes mécanismes que ceux de l'attachement aux proches. Seulement, je l'ai dit, c'est se tromper lourdement que de lutter contre ces attitudes en voulant éradiquer les sentiments de proximité, voire les émotions tout court. Dans le langage d'Aristote, on dira : un vice est l'hypertrophie (une forme de démesure ou d'*hybris*) d'une attitude adéquate, à savoir une vertu, juste milieu entre deux excès (le chauvinisme, vice par excès, et l'impartialité raide, vice par défaut).

Par cette analyse de ce qui, de prime abord, paraissait être une réaction cérébrale moralement douteuse, j'espère avoir montré, et ce sur un sujet assez sensible, que l'éthique n'a rien à craindre des neurosciences : pas de panique morale ! En effet, ce qu'on pourrait appeler de manière précipitée et irréfléchie un « penchant naturel au racisme » peut s'intégrer parfaitement dans une conception philosophique et morale de l'être humain qui condamne le racisme. Bien sûr, les futures découvertes en neurosciences pourront mettre à mal cette conception, comme elles mettent déjà à mal certains aspects des morales stoïcienne et kantienne, mais dans la mesure où cela nous permet de mieux nous comprendre, et donc de mieux maîtriser notre conduite et notre vie, on ne peut que s'en réjouir à l'avance.

Le rôle essentiel que paraissent jouer émotions et sentiments en morale éclaire d'ailleurs bien des attitudes humaines ; il permet par exemple de comprendre cette remarque que Jules Romains met dans la bouche de Jean Jerphanion, qui combat dans les tranchées pendant la Première Guerre mondiale :

> J'ai observé que les hommes ne se contentent pas d'avoir acquis à l'égard de la mort une familiarité qui les a endurcis, et qui leur rend moins choquantes, ou nullement choquantes, des actions qui dans le monde d'hier les eussent soulevés de dégoût. Ce qui ne serait qu'une usure toute passive et inévitable de la sensibilité. Leur déformation va plus loin. Ils ont l'air dans bien des cas fort aises qu'on les ait soulagés de ce respect sacré pour la vie où leur éducation les avait entretenus. Et cela, c'est tout autre chose qu'une usure des sentiments. C'est de la délivrance de sentiments, ce qui m'inquiète beaucoup plus [39].

---

39. J. ROMAINS, *Les Hommes de bonne volonté*, vol. III, Robert Laffont, Paris, 2003, p. 105.

La guerre rend, au sens propre, *insensible*, moyennant quoi la valeur de la vie humaine n'est plus perçue. On sait par ailleurs qu'une proportion non négligeable de soldats qui reviennent du combat souffrent de syndromes de stress post-traumatique (SSPT), et que l'administration de bêtabloquants comme le Propanolol peut empêcher le souvenir de se fixer en agissant sur les hormones du stress, donc en modifiant les émotions. Or, rapporte Neil Levy, cela paraît avoir pour effet d'influencer subtilement les jugements moraux des patients traités [40]. En effet, la peur est une émotion désagréable, mais naturelle ou normale face à un danger ; parfois, elle est pathologique. Administrer du Propanolol avant la consolidation du souvenir l'empêche de se fixer, mais empêche aussi la personne de le surmonter par l'usage de ses facultés rationnelles. Quand la peur ou une autre émotion négative deviennent pathologiques, elles troublent le jugement moral ; mais intervenir pharmacologiquement n'est pas forcément sans danger moral non plus. Du moins certains ont-ils des craintes en ce qui concerne la formation du caractère, comme on verra.

La complexité de ce type de situation n'est pas étonnante lorsqu'on considère le rôle des émotions. Mais si nos jugements moraux sont sensibles à des médicaments, n'est-ce pas la fin de la morale ? S'agit-il ici vraiment de mieux maîtriser notre conduite et notre vie ? Que deviennent notre liberté et notre responsabilité avec les neurosciences ?

---

40. *Cf.* N. LEVY, *Neuroethics, op. cit.*, p. 190, et K. EVERS, « Perspectives on memory manipulation », *Cambridge Quarterly of Healthcare Ethics*, n° 16, 2007, p. 140.

2

La responsabilité et la liberté
à l'épreuve du neurodéterminisme

Dans le grand roman de Robert Musil, *L'Homme sans qualités*, l'une des protagonistes, Clarisse, s'intéresse à un assassin condamné à mort, dont elle doute de la responsabilité. Selon elle, il ne jouit pas de capacités mentales normales et son cas doit être réévalué. À cet effet, elle interpelle le Dr Friedenthal : « Vous ne doutez pas un instant que l'homme soit malade ! » Le médecin lui répond en ces termes :

> Non, bien entendu. Mais ce n'est pas de cela que je dois juger. Vous le savez, je dois juger s'il est exclu qu'il ait agi de sa libre volonté, si sa conscience pendant l'acte était abolie, s'il avait l'intelligence du caractère illicite de cet acte : questions purement métaphysiques que je ne poserais jamais ainsi en tant que médecin, mais à propos desquelles je n'en dois pas moins tenir compte du juge [1] !

Questions métaphysiques, mais d'abord juridiques, et sur la formulation desquelles les juristes eux-mêmes ne sont pas toujours d'accord, comme on le verra. Mais avant d'y venir, il est important de prendre la juste mesure de la réponse du Dr Friedenthal. Selon lui, ou du moins selon la doctrine légale qu'il invoque, un individu est responsable de ses actes s'il dispose de sa libre volonté, de sa conscience et s'il est à même de comprendre le caractère illicite de son acte. Bref, la responsabilité dépend de certaines attitudes et capacités mentales

---

1. R. Musil, *L'Homme sans qualités*, Seuil, Paris, 1956, t. II, p. 866.

cognitives et conatives. Friedenthal paraît insinuer que responsabilité et maladie sont deux concepts indépendants, et donc que droit et médecine sont disjoints. Ce n'est pas tout à fait exact, puisque le juge demande son avis au médecin et non au métaphysicien, mais il est vrai que le concept de « maladie » est bien trop vague et général pour être d'une quelconque utilité ici. Toutefois, si c'est au médecin – et plus précisément au psychiatre – que ces questions sont posées, c'est que, justement, il est à même d'y répondre (du moins le juge et la société le pensent-ils). Pourquoi l'est-il ? Parce qu'il est à même de sonder les états mentaux de l'accusé. C'est pourquoi on n'est pas étonné que l'essor des neurosciences nous oblige à reposer le problème de la responsabilité.

Sur ce sujet aussi, les grandes déclarations ne sont pas rares. Mais si on veut tenter d'y voir clair, il est bon de préciser le sens des concepts utilisés. À cet effet, Musil va encore nous aider.

La raison et la volonté

Le père d'Ulrich – le héros du roman – lui a laissé à son décès une lettre où il lui explique la nature d'un différend qu'il a eu avec l'un de ses collègues, éminent juriste comme lui, le professeur Schwung, et qui a tourné à l'aigre. Le différend concerne justement « cette notion d'irresponsabilité juridique qui permet de ne pas sanctionner l'acte en soi punissable : on l'étend, sous la forme assez vague de la responsabilité restreinte, à ces innombrables individus qui ne sont ni des malades mentaux ni des hommes moralement normaux et forment l'armée de ces insuffisants, de ces idiots moraux dont notre civilisation est malheureusement un peu plus infectée chaque jour ». Si l'on veut y voir clair, il faut avant toute chose définir la notion de « responsabilité » et déterminer ses conditions d'application. Voici ce que propose le père d'Ulrich. Soit l'article suivant : « Il n'y a ni crime ni délit lorsque, dans le temps de l'acte, l'auteur se trouvait dans un état d'inconscience ou de trouble de l'activité mentale tel que... » Comment le compléter ? De la manière suivante : « ... tel qu'il n'avait pas la faculté d'apprécier le caractère illicite de son acte. » Or le professeur Schwung n'est pas d'accord et propose ceci : « ... tel qu'il n'avait pas le libre exercice de sa volonté. » Raison contre volonté ? Pas forcément, car comme le relève le père d'Ulrich :

> Personnellement, j'ai toujours soutenu l'opinion que la volonté, par le développement progressif de l'intelligence et de la raison, se soumet les désirs, c'est-à-dire l'instinct, par le moyen de la réflexion et de la décision qui s'ensuit. Donc, un acte voulu est toujours un acte commandé par la réflexion, et non pas instinctif. Dans la mesure où l'homme est maître de sa volonté, il est libre ; s'il a des désirs humains, c'est-à-dire des désirs relevant de son organisation sensuelle, et que sa pensée en est par conséquent troublée, il n'est pas libre. Le vouloir n'est pas un phénomène arbitraire, c'est une détermination qui découle nécessairement de notre moi ; la volonté est donc déterminée dans l'acte de penser. Quand la pensée est troublée, la volonté n'est plus volonté, et l'homme n'agit plus qu'en conformité avec ses désirs [2].

On est donc en présence de deux analyses différentes de la responsabilité, l'une intellectualiste, l'autre volontariste. Ainsi, un individu poussé par des pulsions mauvaises à commettre des actes illicites du point de vue du droit ou de la morale pourrait être absous ou du moins partiellement excusé par un volontariste au motif que le désir l'a emporté sur sa volonté, et par un intellectualiste au motif que le désir l'a empêché de comprendre le caractère illicite de son acte.

De nos jours, Stephen Morse propose l'analyse juridique suivante de la responsabilité, sur un modèle intellectualiste [3]. Il examine le cas de Spyder Cystjof, un homme de soixante-quatre ans qui a tué sa femme dans un accès de colère. Au tribunal, son avocat invoque le kyste au cerveau dont il souffre pour nier sa responsabilité en alléguant que cela l'empêche de distinguer le bien du mal. Est-ce convaincant ? Morse pense que, pour en juger, il ne suffit pas d'exciper de cet argument de façon générale, mais qu'il faut répondre successivement à trois questions. C'est seulement si la réponse est chaque fois affirmative que la culpabilité sera établie. Plus précisément, on part de la supposition que la responsabilité existe, car être responsable est la position par défaut concernant la relation que nous entretenons avec nos actions, puisque des actions proprement humaines sont

---

2. *Ibid.*, t. I, p. 398-399.
3. *Cf.* President's Council on Bioethics, 9 septembre 2004.

intentionnelles (elles sont motivées par des raisons et peuvent être précédées de délibération, contrairement aux autres mouvements corporels). La responsabilité n'est suspendue que lorsqu'on bute sur une réponse négative à l'une de ces questions. En voici la teneur :

A) Cet homme a-t-il étranglé sa femme ?

Réponse : Oui. Il a donc agi au sens propre du terme, personne ne lui a tenu les mains pour l'y forcer et il n'a pas fonctionné en tant qu'agent physique seulement, comme une tuile qui tombe d'un toit et tue un passant.

B) A-t-il eu l'intention de tuer sa femme ?

Réponse : Oui, la mort de sa femme n'est pas un accident alors qu'il cherchait à faire autre chose.

C) Le kyste cérébral dont il souffre a-t-il faussé le raisonnement qui a amené à tuer ?

Réponse : Peut-être, en ce que le kyste aurait pu contribuer à le rendre furieux, ce qui est susceptible d'altérer le jugement, à l'instar de toute autre passion ou pulsion.

Un volontariste devrait remplacer (C) par :

C') Le kyste cérébral dont il souffre a-t-il créé une pulsion irrépressible de tuer ?

On mesure bien la différence entre les deux conceptions : en effet, un volontariste peut très bien admettre qu'un meurtrier sache que l'acte qu'il se propose est mauvais et illicite, mais ne puisse s'empêcher de commettre son forfait et soit par là excusé ; en revanche, pour un intellectualiste, le fait qu'un acte soit commis impulsivement n'empêche pas qu'il le soit consciemment et intentionnellement, et donc ne supprime pas la responsabilité, sauf si l'impulsion a faussé le jugement. Qui a raison ? Pour le savoir, il faut d'abord s'être mis d'accord sur certains points conceptuels, tel celui que souligne le père d'Ulrich : une volonté contrainte par une pulsion (un désir, un instinct) est-elle encore une volonté ? On reconnaît ici le conflit entre l'internalisme et l'externalisme par rapport à la motivation. L'intellectualiste défend en effet une position internaliste, puisque pour lui « la volonté est déterminée dans l'acte de penser ». Il est donc amené à nier qu'un acte volontaire non éclairé soit vraiment volontaire, puisque le jugement qui le motive n'est pas un véritable jugement moral, à l'instar des jugements qu'un Gage ou un Elliot portaient, mais bien sûr pour d'autres raisons. « Le vouloir n'est pas un phénomène arbitraire », disait le père d'Ulrich. On a vu que l'externalisme était plus plausible. Le professeur Schwung a-t-il donc raison ? La question se complique ici en ce que l'analyse des deux juristes n'est pas humienne puisque, loin de considérer que la volonté est un type de désir, elle les oppose, si bien qu'on se rend compte qu'à l'arrière-plan de ce débat pointent deux conceptions différentes de l'être humain : pour l'une, celle des deux juristes, l'instance conative de l'être humain est composée de deux parties relativement indépendantes (volonté et désir) qui peuvent s'opposer ; pour l'autre, celle de Hume, il n'y en a qu'une seule (la volonté est une forme de désir). Le conflit bien connu et éprouvé par chacun entre différents désirs se déroule-t-il toujours sur un seul plan (un désir ou une volonté contre un autre désir ou une autre volonté) ou parfois sur deux plans (une volonté contre un désir) ?

Ici encore, on peut examiner ce qui se passe dans le cerveau lorsqu'on prend une décision, mais il ne faut pas perdre de vue qu'il s'agit pour une part de points conceptuels et de doctrines de psychologie philosophique qui, loin d'être empiriquement testables, vont plutôt constituer des biais pour les expérimentateurs : un neurobiologiste humien concevra des expériences différentes de celles d'un neurobiologiste lecteur de Musil, et on peut craindre qu'il en aille encore ainsi des protocoles imaginés par deux neurobiologistes lecteurs de Musil, l'un étant convaincu par la doctrine du père d'Ulrich, l'autre par celle de Schwung. On retrouve ici la même situation que dans le chapitre précédent, lorsqu'il était question de la conception humienne de la motivation. Cette situation découle d'une réalité bien connue, mise en évidence par Popper et ceux qui se sont inspirés de lui dans le domaine de l'épistémologie des sciences : toute expérimentation est imprégnée de théorie (*theory laden*). J'y reviendrai dans le chapitre suivant quand je me demanderai quelles sont la portée et la valeur des observations neurologiques effectuées au moyen de l'imagerie cérébrale.

Si on se demande maintenant ce que l'imagerie cérébrale peut apporter dans le domaine de la détermination de la responsabilité, on perçoit aisément sa contribution *pratique* : elle peut notamment permettre d'investiguer les effets des lésions cérébrales ainsi que les soubassements du raisonnement et du comportement moral. C'est un moyen d'approfondir nos connaissances et d'étayer des jugements, mais, somme toute, rien de révolutionnaire ne devrait en sortir, et cela pour trois raisons au moins.

D'abord, parce que toute l'imagerie s'appuie sur une taxonomie des facultés mentales établie depuis bien longtemps (le combat des désirs et de la raison est, on l'a vu, ancien et bien connu) ; c'est le minimum de théorie dont on a besoin pour pouvoir mener une investigation.

Ensuite, parce que, en ce qui concerne la morale et le droit, c'est d'abord le comportement qui compte et que celui-ci est publiquement observable sans aucun appareillage. C'est pourquoi, comme l'a souligné Stephen Morse à l'occasion de l'affaire *Roper vs Simmons*, jugée en 2005, où la Cour suprême des États-Unis a statué qu'il était contraire à la Constitution d'imposer la peine de mort à un criminel pour des actes commis alors qu'il avait moins de dix-huit ans :

> Des avocats ont affirmé que les neurosciences confirmaient que les adolescents ne sont pas suffisamment responsables pour pouvoir être exécutés [...]. Les preuves des neurosciences ne confirment en aucune manière que les adolescents sont moins responsables. Si les différences de comportement entre adolescents et adultes étaient légères, il n'importerait pas que leurs cerveaux soient très différents. De la même manière, si les différences de comportement étaient suffisantes pour justifier un traitement moral et constitutionnel différent, alors il serait sans importance que leurs cerveaux ne puissent être distingués les uns des autres[4].

Cette remarque a une grande portée, qui va bien au-delà de la question de la responsabilité. Glannon remarque ceci, à propos des écrivains atteints d'hypergraphie, un désordre mental à la source de quelques grandes et très abondantes œuvres (certains critiques ont osé le diagnostic pour *Les Hommes de bonne volonté* de Jules Romains) : ces écrivains « pourraient rationnellement penser que la perte de leur pulsion créatrice qui suivrait un traitement médicamenteux ne serait pas compensée par la restauration de leur capacité cognitive[5] » ; ils pourraient donc

---

4. S. MORSE, « Brain overclaim syndrome and criminal responsibility : a diagnostic note », in *Ohio State Journal of Criminal Law*, 3, 2006, p. 397-412.

5. W. GLANNON, *Bioethics and the Brain*, *op. cit.*, p. 41-42.

bien refuser le traitement, et ce avec raison. Si c'est le comportement et non le cerveau qui importe, et donc ce qu'on fait dans la société et pour elle, si certaines maladies peuvent être des avantages suivant le contexte personnel et social – la psychanalyse avait déjà souligné le caractère névrotique de bien des réalisations artistiques et intellectuelles –, alors il n'y a aucune raison de chercher dans l'imagerie cérébrale le *critère* du normal et de l'anormal en droit et en éthique. J'y reviendrai quand je me demanderai, à travers la question de la neuroamélioration, en quoi consiste cette normalité qu'est la santé.

Enfin, ainsi que le relève encore le même Morse, bien que les neurosciences nous aident dans l'évaluation de la responsabilité, « elles ne pourront jamais nous dire quel degré de contrôle est requis pour qu'il y ait responsabilité », ce qui est une question purement normative [6]. Quelqu'un ne peut être responsable de son comportement que s'il le contrôle, mais « contrôler » est une notion scalaire, qui comprend du plus et du moins, et c'est nous qui devons décider où placer la barre.

L'institution de la justice comme celle de la morale visent à réguler les actions et les comportements, notamment pour que la vie en commun soit possible et même harmonieuse ; à cet effet, elles édictent des normes. Lorsque ces dernières sont violées, ces institutions entrent en jeu en recourant à une panoplie de sanctions, à condition que soient établies la responsabilité et la culpabilité de celui dont le comportement a été inadéquat. En tentant de les évaluer, la morale et la justice posent des questions comme A, B, C ou C' (les questions posées par Morse). Les réponses données peuvent-elles bénéficier des neurosciences ? Pas la réponse à A, puisqu'il s'agit de comportement publiquement observable (évidemment, l'accusé peut mentir en disant qu'on lui a tenu les mains, et peut-être l'imagerie cérébrale peut-elle détecter ce mensonge, mais c'est une autre question que je laisse pour le chapitre suivant). Pas la réponse à B, même si on connaît les corrélats neuronaux de l'intention, puisque cette dernière a eu lieu dans le passé. Pour C, en revanche, c'est différent : l'effet d'un kyste cérébral sur le raisonnement et les pulsions, et donc sur les décisions et les

---

6. S. MORSE, « Moral and legal responsibility and the new neuroscience », *in* J. ILLES, *Neuroethics, op. cit.*, p. 39.

comportements peut être examiné, non seulement parce qu'il dure au-delà de l'acte, mais aussi parce qu'on peut acquérir des connaissances généralisables dans le cadre des expérimentations menées en imagerie cérébrale sur d'autres individus.

Sur ce dernier point, Morse est sans doute trop pessimiste, car s'il est vrai qu'un cerveau anormal ne permet aucune conclusion directe, le type d'anormalité qu'on découvre autorise des hypothèses. On l'a vu, le comportement d'un individu dépend de caractéristiques cognitives et conatives ; si celles-ci sont cérébralement empêchées, la responsabilité de la personne incriminée sera diminuée d'autant. Peut-on l'établir ? Neil Levy l'affirme : chez les sociopathes, c'est-à-dire les personnes qui manifestent une conduite antisociale et sont dénuées de sentiments de culpabilité ou d'empathie, bref, qui n'ont pas de sens moral, l'examen de l'amygdale, la partie du cerveau qui, justement, gère certaines émotions, révélerait des anomalies. Quant aux troubles de la volonté proprement dite, ils concernent les personnes incapables de contrôler leurs impulsions (pensons aux troubles obsessionnels compulsifs – TOC), dont on cherche aussi à tracer l'étiologie cérébrale [7]. Les découvertes dans la structure et le fonctionnement du cerveau permettent donc d'expliquer certains comportements, contribuant par là à l'évaluation de la responsabilité.

La question du libre arbitre

Si j'ai insisté assez longuement sur une question qui peut paraître essentiellement juridique et éthique au sens restreint du terme, c'est pour souligner que l'impact que peuvent avoir les neurosciences sur notre conception de la responsabilité est certes socialement et éthiquement important, quoique limité, mais qu'il est métaphysiquement insignifiant et même nul. S'il en va ainsi, c'est parce que la notion de « responsabilité », à laquelle nous recourons dans nos débats éthiques et juridiques, et pour laquelle les neurosciences ont une certaine pertinence, n'est pas métaphysique ; autrement dit, elle n'a rien à voir avec ce qu'on appelle la question du libre arbitre.

---

7. *Cf.* N. Levy, *Neuroethics, op. cit.*, p. 246-254.

Cette affirmation paraîtra sans doute surprenante ; en effet, lorsque Friedenthal répliquait à Clarisse : « Je dois juger s'il est exclu qu'il ait agi de sa libre volonté », il semblait bien affirmer que, pour être responsable, un être humain doit pouvoir maîtriser ses actes ou les contrôler à l'aide d'une volonté libre, c'est-à-dire non déterminée par les événements et les circonstances, bref, qu'il aurait pu agir différemment qu'il ne l'a fait, voire ne pas agir du tout, et ce de son propre chef (c'est ce qu'on appelle souvent le « principe des possibilités alternatives »). Cette conception, que j'appellerai l'argument du libre arbitre, peut être reconstruite ainsi :

1. Si A est moralement responsable de B, alors A aurait pu ne pas faire B.

2. Si B dépend uniquement de l'état du monde E au moment précédent, alors B est inévitable.

3. Si B est inévitable, alors A n'aurait pu faire que B ne soit pas.

4. Donc A n'est responsable de B que si B ne dépend pas uniquement de E.

5. B ne dépend pas uniquement de E que s'il dépend aussi d'un pouvoir causal non déterminé par E.

6. Le libre arbitre est un tel pouvoir causal.

7. Donc A n'est moralement responsable de B que s'il possède le libre arbitre.

Le problème, c'est que, dans notre conception scientifique du monde, un tel pouvoir causal n'a pas de place, même si on tient compte de l'indéterminisme quantique, comme le relève Searle :

> Le fait que les particules ne sont déterminées que de façon statistique n'implique pas que l'esprit humain ait la capacité de détourner lesdites particules de leur chemin. L'indéterminisme n'est pas une preuve de ce qu'il existe ou non une énergie mentale de la liberté humaine qui serait capable d'influencer le comportement des molécules et de les faire aller là où autrement elles ne se seraient pas rendues[8].

Bref, le déterminisme physique exclut le libre arbitre, et le seul moyen de conserver ce dernier serait de nier la vérité de la physique actuelle, ce qui est un prix plutôt élevé. Mais si la

---

8. J. Searle, *Du cerveau au savoir*, Hermann, Paris, 1985, p. 122-123.

responsabilité a comme condition nécessaire l'existence du libre arbitre, alors la négation du second implique celle de la première. Que devient alors l'éthique si la responsabilité disparaît ? Au pire, un tissu d'absurdités et au mieux une forme de dressage accompagnée d'une réforme sémantique, du moins si l'on suit Diderot, qui avait déjà bien pris la mesure du problème :

> Bordeu : – La volonté naît toujours de quelque motif intérieur ou extérieur, de quelque impression présente, de quelque réminiscence du passé, de quelque passion, de quelque projet dans l'avenir. Après cela je ne vous dirai de la liberté qu'un mot, c'est que la dernière de nos actions est l'effet nécessaire d'une cause une : nous, très compliquée, mais une. [...]
> Mademoiselle de L'Espinasse : – Mais, docteur, et le vice et la vertu ? La vertu, ce mot si saint dans toutes les langues, cette idée si sacrée chez toutes les nations ?
> B : – Il faut le transformer en celui de bienfaisance, et son opposé en celui de malfaisance. On est heureusement ou malheureusement né ; on est insensiblement entraîné par le torrent général qui conduit l'un à la gloire, l'autre à l'ignominie.
> E : – Et l'estime de soi, et la honte, et le remords ?
> B : – Puérilité fondée sur l'ignorance et la vanité d'un être qui s'impute à lui-même le mérite ou le démérite d'un instant nécessaire.
> E : – Et les récompenses, et les châtiments ?
> B : – Des moyens de corriger l'être modifiable qu'on appelle méchant, et d'encourager celui qu'on appelle bon[9].

Récompenses et châtiment serviront toujours, comme facteurs causaux et parties intégrantes de E, si bien que l'éducation n'est pas moins nécessaire dans l'hypothèse du déterminisme que dans celle du libre arbitre.

Comme ce passage de Diderot l'atteste, le XVIIIᵉ siècle s'est longuement penché sur cette question, héritière de la science moderne née au XVIIᵉ siècle, puisque celle-ci affirme la clôture causale du monde, et donc l'impossibilité pour un pouvoir non matériel d'y intervenir, exception faite de la toute-puissance divine selon certains auteurs. On comprend que Leibniz et Malebranche, très au courant de la difficulté, aient adopté des doctrines niant toute influence réelle de l'âme sur le corps et du corps sur l'âme, à savoir les doctrines de l'harmonie préétablie

---

9. D. DIDEROT, *Le Rêve de d'Alembert*, in *Œuvres philosophiques*, Garnier, Paris, 1964, p. 363-365.

et des causes occasionnelles [10]. Il est d'ailleurs intéressant de noter que ce sont certains malebranchiens comme Lelarge de Lignac et certains dualistes comme Maine de Biran qui, avec la même conscience de la difficulté, vont affirmer l'existence de deux points de vue sur l'action humaine, un point de vue objectif et scientifique, et un point de vue subjectif (le témoignage de la conscience). Lors de conflit entre les deux – et le conflit est inévitable, puisque le point de vue scientifique affirme le déterminisme, alors que le point de vue subjectif atteste de l'existence du libre arbitre –, le point de vue de la conscience l'emporte, étant donné que, ainsi que Descartes l'avait dit, il ne peut être soumis au doute.

Si l'on revient à l'époque actuelle, on voit aisément que les neurosciences n'apportent rien de nouveau sur la question du libre arbitre : le débat est bien plus ancien et il est coextensif au développement de la physique nouvelle, dans laquelle les neurosciences puisent leurs principes fondamentaux. En revanche, quand on quitte le plan métaphysique pour celui *des* déterminismes, c'est-à-dire des multiples facteurs qui exercent sur nous des contraintes, alors les neurosciences ont beaucoup à nous apprendre, plus sans doute que l'étude des contraintes génétiques, bien qu'elles soient parfois liées. En effet, comme elles sont plus proches de l'action, les facteurs qu'elles prennent pour objet agissent plus directement. On a vu ce qu'il en était avec l'exemple du kyste cérébral, et on peut ajouter une kyrielle d'exemples. En voici un autre, en guise d'illustration. Les personnes impulsivement agressives ont un problème avec leur niveau de sérotonine, et dans 25 % des cas, elles ont des parents agressifs. Est-ce du conditionnement sociofamilial ? Très probablement non, car, tout comme les suicidants, ces personnes ont un taux de 5-HIAA bas (un produit métabolite de la sérotonine dans le cerveau), taux corrélé à la présence d'un certain allèle, si bien qu'on peut penser qu'il s'agit de la même situation – simplement, au lieu d'être dirigée contre soi-même,

---

10. Dès Descartes, on s'est rendu compte que les lois de conservation, selon lesquelles seul un corps soumis aux lois qui régissent les corps peut agir sur un corps, puisque la quantité de mouvement que le second acquiert doit être perdue par le premier, posaient une énorme difficulté à ceux qui soutenaient la possibilité de l'intervention d'un pouvoir causal non matériel dans le monde. *Cf.* mon livre *Les Rapports de l'âme et du corps, op. cit.*, partie II, chap. 2.

l'agressivité l'est ici contre autrui[11]. Bref, dans bien des cas, se suicider ou agresser autrui n'est pas une décision motivée autonome, mais l'effet partiel – car évidemment il n'est pas question de nier les déterminants psychosociaux du comportement – du câblage génético-neuronal, ce qui a bien sûr un certain impact sur la responsabilité de l'agent.

Il est donc sûr que tout ce que nous apprenons et allons encore apprendre sera utilisé dans les cours de justice pour diminuer la responsabilité de certains accusés – cela l'est d'ailleurs déjà, comme on l'a vu avec le cas de Spyder Cystjof. Ainsi que le remarque le Comité du président étasunien pour la bioéthique, on a allégué l'hérédité, les aspects anatomiques (la phrénologie), les conflits psychologiques et les privations socioéconomiques pour expliquer les crimes ; maintenant, la mode est à la neurologie, mais c'est chaque fois le même schéma[12]. Arthur Caplan risque même : « Je prédis que dans dix ans il y aura une série télévisée dont le titre sera *Mon cerveau me l'a fait faire*[13]. » Bref, le déterminisme neuronal n'est qu'un déterminisme « de plus » : il indique de nouvelles limites à notre responsabilité, il ne la supprime pas, tout comme l'anatomie, les conflits psychologiques et les privations socioéconomiques ne l'avaient pas supprimée – l'imputation de responsabilité est, souvenons-nous, la position par défaut. Ainsi, la responsabilité n'implique pas l'absence de cause, mais l'absence d'un certain type de causes, et rien ne dit *a priori* qu'une lésion cérébrale va modifier l'imputation de responsabilité, ni même qu'elle va changer le comportement d'une manière telle que la morale et le droit y soient intéressés ; comme le relève Gazzaniga : « Le taux de comportement criminel agressif parmi les personnes qui ont des lésions du type Gage n'est pas plus élevé que dans la population en bonne santé[14]. »

Il s'ensuit que, en définitive, les questions du libre arbitre et du déterminisme cérébral (le neurodéterminisme) se situent sur deux plans différents : la dernière est une considération *interne* au jeu de la responsabilité (elle présuppose la responsabilité et

---

11. E. COCCARO, *in* President's Council on Bioethics, *Staff Working Paper*, 9 septembre 2004.
12. President's Council on Bioethics, *Staff Working Paper*, 9 septembre 2004.
13. A. CAPLAN, *in Neuroethics. Mapping the Field*, op. cit., p. 98.
14. M. GAZZANIGA, *The Ethical Brain*, op. cit., p. 98.

en assigne les limites), alors que la première est une considération *externe* : elle affirme ou nie métaphysiquement l'existence de la responsabilité. Quelle que soit la réponse qu'on donne à la première question, que l'on croie ou non à l'existence du libre arbitre, la notion morale et juridique de la responsabilité peut être maintenue, même si, il faut en convenir, la liste des facteurs limitant le contrôle que nous avons sur nos actes et donc notre responsabilité s'allonge régulièrement, notre liberté se rétrécissant proportionnellement.

Mais la notion morale et juridique de la responsabilité peut-elle vraiment rester inchangée dans son principe ? Rappelons-nous ce que disait Diderot : si le déterminisme physique règne, les déterminismes partiels deviennent sans intérêt, superfétatoires. Pourtant, Diderot ne semble pas non plus prêt à quitter le jeu et tente de conserver l'institution de la morale, moyennant quelques changements sémantiques. Il faut reconnaître que les débats sont assez vifs chez les philosophes sur cette question : aux *incompatibilistes* (« libertariens » d'un côté, qui acceptent dans son intégralité l'argument du libre arbitre, et déterministes durs de l'autre, qui veulent exclure toute notion de liberté du droit et de la morale) s'opposent les *compatibilistes*, c'est-à-dire ceux qui estiment qu'on peut encore parler de liberté, et donc de responsabilité, même en l'absence de libre arbitre au sens fort (liberté-responsabilité et déterminisme physique sont pour eux compatibles) [15].

La position de Diderot est incompatibiliste (la liberté-responsabilité n'est pour lui en définitive qu'un mot) ; celle de Stephen Morse est franchement compatibiliste. Je proposerai pour ma part, s'agissant de neuroéthique, une forme de compatibilisme, mais métaphysiquement muet (un compatibilisme déflationné). Par là, je défends l'idée suivante : il existe deux plans ainsi que deux concepts de responsabilité et de liberté (ou deux usages de ces concepts) ; sur l'un de ces plans se joue l'examen de la question du libre arbitre et du déterminisme physique ; sur l'autre sont à l'œuvre les différents déterminismes, dont le

---

15. *Cf.* R. KANE (dir.), *The Oxford Handbook of Free Will*, Oxford University Press, Oxford, 2002. L'usage de l'expression « libertarien » et, plus loin, de « libertarisme » dans la question du libre arbitre est maintenant consacré, mais il faut se garder de le confondre avec son acception dans le domaine de la philosophie politique, où le libertarisme désigne une forme radicale de libéralisme.

déterminisme neuronal ou cérébral. Or on peut très bien en rester au dernier plan, laissant à d'autres personnes ou à d'autres moments la question métaphysique. Le père d'Ulrich et le professeur Schwung n'ont pas besoin de se déclarer compatibilistes ou libertariens pour défendre leur analyse : il leur suffit de proposer une analyse de la responsabilité qui ne fasse pas appel au concept métaphysique de libre arbitre. On peut considérer exactement de la même manière les questions que pose Morse. Dans cette optique, quelqu'un est dit responsable s'il n'est pas soumis à certains déterminismes, c'est-à-dire à certaines contraintes, lorsqu'il agit : son action dépend de sa volonté (c'est un comportement volontaire, délibéré, intentionnel, il contrôle ce qu'il fait, il dirige ses actes). Ainsi, si quelqu'un est accusé d'un crime et que l'examen de son cerveau n'indique rien de particulier, il sera déclaré responsable (sous réserve d'autres causes d'irresponsabilité). Bref, pas besoin de libre arbitre au sens fort pour évoquer la responsabilité ; il suffit d'une action intentionnelle lucidement voulue. C'est pourquoi une action faite sous hypnose ou sous contrainte n'est pas libre et n'entraîne aucune responsabilité, mais il serait absurde de prétendre que toutes nos actions sont de même nature que l'effet d'un commandement post-hypnotique.

Ce que dit Quinette, l'un des protagonistes des *Hommes de bonne volonté*, du monde tel qu'il le conçoit illustre bien la position présentée ici :

> Bien qu'il recelât peut-être en lui-même quelque profonde fatalité, bien qu'il en sentît peut-être à plus d'un signe l'affleurement et la menace, le monde qu'il se représentait dans ses réflexions était un monde de liberté, où chaque action était le résultat d'une décision particulière, et où l'on pouvait toujours imaginer qu'un événement fût remplacé par un autre, corrigé par un autre [16].

La rétribution et les peines

Joshua Greene et Jonathan Cohen ont toutefois récemment contesté que nos systèmes normatifs (ils parlent du droit, mais on peut étendre sans crainte leurs propos à l'éthique) soient

---

16. J. ROMAINS, *Les Hommes de bonne volonté*, *op. cit.*, vol. I, p. 240.

neutres par rapport à la question du libre arbitre [17]. Selon eux, le système judiciaire est à la fois et de manière instable compatibiliste et libertarien. Il est compatibiliste en ce qu'il ne fait aucun recours explicite à la notion libertarienne de libre arbitre, mais il est libertarien en ce qu'il s'appuie implicitement sur cette même notion, qui lui vient en fait du sens commun. C'est particulièrement clair lorsqu'on examine la question des peines : la justice est rétributiviste, c'est-à-dire qu'elle distribue les punitions en fonction du (dé)mérite des actions passées, avec l'idée sous-jacente que les condamnés auraient pu agir autrement qu'ils ne l'ont fait. Or, selon ces deux auteurs, les neurosciences devraient nous engager à changer notre manière d'évaluer la responsabilité et rendre impossible ce mariage entre compatibilisme et libertarisme. Par la même occasion, elles devraient nous obliger à remplacer une conception rétributiviste par une conception conséquentialiste des peines, moins sévère et moins cruelle, puisqu'il ne s'agit pas de donner à chacun ce qu'il mérite dans l'idée qu'il doit être châtié au moins aussi gravement qu'il a fauté, mais simplement d'empêcher les récidives et de dissuader d'agir contre le droit, bref, comme le disait Diderot, « de corriger l'être modifiable qu'on appelle méchant ». Pour un conséquentialiste donc, seules les *conséquences* comptent, et infliger une peine n'est justifié que si celle-ci permet de diminuer les crimes (c'est-à-dire de minimiser le malheur, ce qui souligne la parenté de cette doctrine avec l'utilitarisme).

On peut discuter le diagnostic des deux auteurs : notre système judiciaire (ou du moins celui des États-Unis) souffre-t-il de cette schizophrénie, ou abrite-t-il simplement plusieurs courants ? Il est clair en tout cas que les juristes et les moralistes ne sont pas avares en débats métaphysiques, ce que j'aurais tendance à déplorer, vu ma position. Toutefois, les considérations de Greene et Cohen restent intéressantes en ce qu'elles constituent une objection à ma manière de voir et qu'elles proposent une réforme de la pratique pénale, bien qu'on puisse douter du caractère plus « doux » du conséquentialisme : si on ne lui

---

17. *Cf.* J. GREENE et J. COHEN, « For the law, neuroscience changes nothing and everything », *Phil. Trans. R. Soc. B.*, vol. 358, n° 1451, novembre 2004, <www.journals.royalsoc.ac.uk>.

adjoint pas un principe de proportionnalité, la dissuasion peut exiger des peines très sévères. Le rétributivisme s'allie pour sa part très bien à un principe de proportionnalité ; il s'agit même de doctrines consubstantielles (la punition est méritée à hauteur de la faute). Quoi qu'il en soit de ce point, si l'on devait donner raison à ces deux auteurs, alors les neurosciences auraient un effet bien plus important et bien plus large que ce que j'ai dit. Malheureusement, je pense que c'est une illusion, et cela pour plusieurs raisons.

Tout d'abord, je le rappelle, le déterminisme neuronal et le déterminisme physique ont des rôles différents : le premier ne concerne qu'un certain type de contraintes, celles que causent les événements cérébraux *via* les états psychologiques sur le comportement, alors que le second est une conception du monde physique dans son ensemble. Or Greene et Cohen confondent les deux, ou du moins les placent sur le même plan. Les neurosciences restent donc bien métaphysiquement impuissantes.

Ensuite, si on peut développer une théorie compatibiliste du libre arbitre, on peut aussi développer une conception compatibiliste du mérite et de la rétribution : est méritée toute peine qui sanctionne une action lors de laquelle l'agent ne subissait pas de contrainte. Les neurosciences n'obligent donc pas à abandonner le rétributivisme (même si elles ne nous contraignent pas à le conserver).

Troisièmement, dans l'hypothèse du déterminisme physique, si notre cerveau est ainsi câblé qu'il considère « naturellement » que les êtres humains sont responsables de leurs actes et méritent d'être punis, il lui sera impossible de voir les choses autrement et d'agir en conséquence. Or, si l'on en croit la psychologie morale populaire, il pourrait bien en aller ainsi.

Enfin, dans l'hypothèse du déterminisme physique, nos actions sont causalement déterminées. Mais nos croyances le sont tout autant, y compris nos croyances au déterminisme ou au libre arbitre. Greene et Cohen ne sont donc pas plus libres d'entretenir telles conceptions ou de changer leur manière de voir que d'agir librement. Il en va ainsi de chacun d'entre nous et pour la société dans laquelle nous vivons.

Ce dernier point paraîtra sans doute un argument paradoxal, voire sophistique à certains ; à mon sens cependant, il est tout à fait capital. En effet, bien souvent, les philosophes et les neuroéthiciens écrivent comme s'ils étaient de libres observateurs dominant le système du monde dont, momentanément, ils ne font plus partie ; ils en perçoivent et décrivent le mécanisme du point de vue de Sirius, pour parler à la Voltaire. C'est la répétition théorique d'une vieille posture, celle que la raison adopte vis-à-vis des passions et émotions qui surviennent, en affirmant, lorsqu'elles ne sont pas trop fortes, les dominer et les maîtriser. Mais ce qui est justifié et inévitable dans le domaine de la morale ne l'est à mon sens plus du tout comme attitude épistémologique. C'est là, selon moi, une forme de piège ou de sophisme de l'homoncule, qui consiste à postuler un petit homme dans la tête pour expliquer un phénomène mental. Bien sûr, cela n'explique rien, comme le souligne Daniel Dennett : « Puisque la tâche de la psychologie est d'expliquer l'intelligence ou la rationalité des êtres humains et des animaux, elle ne peut remplir sa tâche si, à un certain moment, elle *présuppose* l'intelligence ou la rationalité [18]. » Placer un petit homme dans la tête, c'est justement présupposer l'intelligence et la rationalité, c'est-à-dire ce qu'il y a à expliquer ; cela revient donc simplement à repousser la question plus loin en la laissant intacte. Le piège que je dénonce ici en est une variante : il consiste à placer un petit homme en position « méta », discourant sur l'être humain et son cerveau en s'en excluant. C'est une sorte d'esprit homonculaire ou d'homoncule spirituel. Gazzaniga parle de la nécessité de placer dans le cerveau un *interprète*, qui tisse toutes les données qui arrivent au cerveau pour en faire la narration [19], et il est de fait qu'il faut une instance qui donne un sens unifié à tout ce qui nous arrive – c'est le *binding problem* évoqué en introduction. Cet interprète devient un esprit homonculaire dès que, au lieu d'être conçu comme le produit survenant ou émergent de modules cérébraux subpersonnels, il est placé en dehors ou au-dessus, et croit ou veut, souvent sans s'en rendre compte, échapper à la nature de ce dont il est l'interprète. Cela aboutit selon moi à une tentative d'étendre la juridiction du point de vue subjectif à un domaine qui, par nature, est totalement objectif.

Ce dernier point demande une explication. J'ai mentionné que la distinction des points de vue subjectif et objectif

---

18. D. Dennett, *Brainstorms*, Harvester Press, Brighton, 1978, p. 58.
19. *Cf.* M. Gazzaniga, *The Ethical Brain*, *op. cit.*, p. 148.

remontait à Maine de Biran. À l'époque contemporaine, elle a été redécouverte indépendamment par plusieurs auteurs, dont Thomas Nagel et John Searle. Or ce dernier l'a appliquée à la question du libre arbitre de la manière suivante. Il relève d'une part : « Puisque la nature est constituée de particules, et des relations qu'elles entretiennent entre elles, et puisqu'on peut rendre compte de tout en termes de particules et de leurs relations, il ne reste plus de place pour le libre arbitre [20]. » Mais, d'autre part, il n'en reste pas moins que « la liberté humaine est simplement un fait d'expérience. Pour obtenir une preuve empirique de ce fait, il nous suffit d'insister sur le fait qu'il nous est toujours possible de falsifier toute prédiction faite par quelqu'un d'autre sur notre propre comportement. Si quelqu'un prédit que je vais faire telle chose, il me reste toujours, sacredieu, la possibilité de faire autre chose [21] ». Il conclut de ces deux leçons contradictoires, la première de la science et la seconde de l'expérience que nous faisons de nous-même :

> Pour des raisons que je ne comprends pas vraiment, l'évolution nous a donné une forme d'expérience de l'action volontaire où l'expérience de la liberté, c'est-à-dire l'expérience de la perception de possibilités alternatives, est innée à la structure même du comportement humain conscient, volontaire, intentionnel [22].

On comprend la tentation de s'ériger en esprit homonculaire, de se placer au-dessus du déterminisme cérébral. En ce qui concerne le droit et la morale, il résulte de ces observations de Searle que le point de vue subjectif est probablement indépassable, quelle que soit sa valeur de vérité ; ces deux institutions normatives ne peuvent par conséquent être divorcées du sens commun, comme l'espèrent Greene et Cohen. De mon point de vue, ce n'est pas vraiment étonnant, puisqu'elles ne se situent pas sur le même plan que la description scientifique du monde, ainsi que je l'ai soutenu. Bref, les espoirs que nos deux auteurs font reposer sur les neurosciences sont vains.

La position de Searle mérite cependant quelques commentaires. Selon lui, nous sommes condamnés à tenir un double

---

20. J. SEARLE, *Du cerveau au savoir, op. cit.*, p. 122.
21. *Ibid.*, p. 124.
22. *Ibid.*, p. 140, *cf.* aussi P. JACOB, *L'Intentionnalité*, Odile Jacob, Paris, 2004, p. 274.

discours inconciliable sur nous-même, mais, dans la réalité, les deux n'ont pas le même poids : l'un est vrai – celui de la science, le point de vue objectif –, l'autre ne l'est pas – le point de vue subjectif. J'ai mentionné que les cartésiens pensaient différemment. Ce changement d'attitude est-il un effet du progrès des sciences ? En partie sans doute, car la conception cartésienne de la conscience comme source infaillible de connaissance a bien perdu de son attrait ; toutefois, du point de vue d'un compatibilisme déflationné, et amétaphysique, il faut relever que la conclusion de Searle n'est pas plus nécessaire que celle de ses « adversaires » cartésiens. En effet, notre responsabilité morale est indépendante de toute considération métaphysique, et l'imputation de responsabilité, je l'ai dit, est la position par défaut. Ainsi, les neurosciences n'interviennent qu'*après*, pour mettre en évidence certaines limites de notre responsabilité, celles dont la source se trouve dans le mauvais fonctionnement de notre cerveau. En ce sens, il y a bien sur les plans juridique et moral une certaine priorité du point de vue subjectif, en ce que la position par défaut sur laquelle s'appuient nos institutions juridiques et morales a pour source le sens commun (la tradition), dont l'introspection est l'une des inspiratrices, mais, évidemment, ce n'est pas ainsi que les cartésiens l'entendaient. Dans cette mesure, mais uniquement dans cette mesure, le point de vue subjectif et le sens commun sont par principe et à la racine immunisés contre toute attaque du point de vue objectif, que ce soit celui de la métaphysique ou celui des sciences.

Cette indépendance et l'antériorité de la responsabilité qu'elle implique ont encore un autre aspect digne d'attention. En 1953, bien avant l'essor des neurosciences, mais à un moment où la génétique laissait entrevoir tant ses promesses thérapeutiques que ses menaces pour notre responsabilité, le pape Pie XII, bien qu'il soulignât l'importance de cette nouvelle discipline pour la connaissance de l'être humain, affirmait « la nécessité de préserver intactes les grandes lois ontologiques, parce que sans elles, il est impossible de comprendre la réalité [23] ». Par ces lois, il

---

23. Pie XII, « Moral aspects of genetics », *in* K. O'Rourke et P. Boyle, *Medical Ethics. Sources of Catholic Teachings*, Georgetown University Press, Washington DC, 1999, p. 379.

entendait avant tout des principes très généraux comme les principes de non-contradiction, de raison suffisante, de causalité et de finalité, mais on peut sans hésitation y ajouter les principes de l'anthropologie philosophique à laquelle la tradition catholique adhère, à savoir l'hylémorphisme [24] et l'existence du libre arbitre. Une interprétation peu charitable et sans doute erronée de ce passage consisterait à y voir un refus de donner toute sa liberté à la raison humaine et, en un sens, à lui interdire certaines conclusions. Rien n'oblige à une telle interprétation : le souverain pontife rappelle simplement que la génétique et, j'ajouterai, les neurosciences ne peuvent remettre en cause les fondements même de la connaissance et de l'éthique qui, somme toute, les rendent possibles. Toutefois, et il est important d'y prendre bien garde, il existe une grande différence entre l'indépendance revendiquée ici par la métaphysique classique et celle du sens commun dont j'ai parlé : cette dernière affirme non pas une antériorité de principe par rapport aux sciences, mais l'absence de pertinence de ces dernières en ce qui concerne la notion de responsabilité. Il est crucial d'opérer cette distinction car, contrairement à ce qu'affirme Pie XII, la métaphysique aristotélicienne n'est en réalité pas du tout immunisée contre les progrès de nos connaissances. Ainsi, la philosophie aristotélicienne de la nature a dû céder le pas au darwinisme, quoi que certains irréductibles en pensent.

Pie XII défend, comme il se doit, une conception forte du libre arbitre et cette conviction est une position métaphysique. Le déterminisme dur dont Greene et Cohen se réclament en est aussi une ; simplement, elle considère que la bonne métaphysique, c'est la science moderne. En ce qui concerne la question qui nous occupe, qui est celle de la responsabilité morale, on peut refuser d'entrer dans cette voie et, à mon avis, on le doit. D'autant qu'il n'y a aucune difficulté à marier les découvertes des sciences du cerveau avec une conception de la responsabilité qui s'appuie sur le sens commun, constituant par là une sorte de domaine réservé. Henri Bergson avait bien caractérisé ce domaine réservé lorsqu'il affirmait que les lois scientifiques « expriment ce qui se passe dans un domaine où personne n'a

---

24. Il s'agit de la doctrine qui considère que les êtres naturels sont le résultat de l'action conjointe de deux principes, la matière et la forme, qui ont pour nom « corps » et « âme » chez les êtres vivants.

jamais soutenu qu'il y eût caprice, choix ou liberté », ce qui n'est pas le cas du domaine de la conscience, laquelle, « après tout, est une faculté d'observation, et qui expérimente à sa manière [25] », par introspection. De nos jours, il n'y a aucune difficulté à substituer une conception compatibiliste de ces affirmations à celle, métaphysique et de type libertarien, de Bergson.

Les expériences de Libet

L'une des sources de la confusion que suscitent les résultats des neurosciences provient de cette tendance à confronter des points de vue qui appartiennent à des registres différents. Certes, cette projection sur un même plan de problématiques disjointes peut être délibérée – elle l'est chez les déterministes durs qui promeuvent les résultats de la science moderne au rang de métaphysique –, mais il faut des arguments pour la justifier. Que ceux-ci soient convaincants ou non n'est pas mon propos : ce qui m'importe ici, c'est simplement de souligner les problèmes conceptuels d'un tel rapprochement.

Prenons l'exemple des célèbres expériences de Benjamin Libet. Elles ont été largement décrites, analysées, commentées et critiquées de différents points de vue. Je n'en parlerai que pour montrer que l'interprétation que Libet lui-même en a proposée entretient la confusion que j'ai dénoncée.

Dans les années 1980, Libet se propose d'étudier le mouvement volontaire. Il demande aux sujets de son expérience de bouger la main et de dire à quel moment ils ont pris la décision de la mouvoir. Pendant l'expérience, l'activité cérébrale des sujets est mesurée en continu. Le neurobiologiste observe une activité cérébrale typique entre une demi-seconde et une seconde avant le mouvement, laps de temps pendant lequel la décision volontaire a lieu. Mais quand exactement ? Pour le savoir, Libet demande aux sujets, moyennant un dispositif, de signaler exactement le moment où ils prennent leur décision. Le résultat est surprenant : le cerveau entre en action *avant* que les sujets ne la prennent (environ 300 millisecondes avant), laissant

---

25. H. BERGSON, *L'Énergie spirituelle*, *in Œuvres*, PUF, Paris, 1959, p. 841.

penser que la décision consciente n'est pas la cause du mouvement, mais un phénomène accompagnant un processus neuronal
déjà initié par le cerveau [26].

La littérature concernant ces expériences et leur interprétation est fort vaste mais, comme je l'ai dit, ce qui m'intéresse,
c'est ce que Libet lui-même en tire. Selon lui, ces expériences ne mettent pas du tout en question la réalité du libre
arbitre, contrairement à ce qu'une interprétation hâtive pourrait
laisser penser, le libre arbitre n'étant alors qu'un épiphénomène,
de l'ordre d'une illusion, accompagnant ce qui se passe réellement dans le cerveau à notre insu ; non, le libre arbitre existe
réellement, et il peut agir pendant les 200 millisecondes qui
restent avant que l'acte ne soit effectué. Toutefois, comme
l'action cérébrale est déjà initiée, la seule chose qu'il puisse
faire, c'est arrêter le mouvement. Le libre arbitre est donc un
pouvoir de veto : « Le processus volitionnel est donc *initié*
inconsciemment. Mais la fonction consciente peut encore
contrôler le résultat ; elle peut bloquer [*veto*] l'acte. Le libre
arbitre n'est donc pas hors jeu [27]. » Le neurobiologiste en
conclut que l'existence du libre arbitre « est une option scientifique aussi bonne, et même peut-être meilleure, que sa négation par la théorie déterministe [28] », car elle a l'avantage d'être
« en accord avec les restrictions religieuses et éthiques, qui
demandent habituellement de se contrôler soi-même. La plupart
des Dix Commandements sont des ordres de ne pas faire [29] »,
bref, des veto.

On reprochera sans doute à Libet de parler d'option *scientifique* alors qu'il s'agit d'un débat métaphysique. Sans doute,
mais ce n'est pas cela que j'aimerais souligner. Pour Libet, la
décision volontaire interagit causalement avec le processus
cérébral, puisqu'elle peut le bloquer. Ce veto est un événement psychologique (bien que généralement non conscient) tout
comme la décision de mouvoir la main et, à l'instar de ce

---

26. On trouve une bonne description de ces expériences dans M. GAZZANIGA, « Facts,
fictions and the future of neuroethics », *in* J. ILLES, *Neuroethics*, Oxford University
Press, Oxford, 2006, p. 145.

27. B. LIBET, « Do we have free will », *in* R. KANE, *The Oxford Handbook of Free
Will*, Oxford University Press, Oxford, 2002, p. 551.

28. *Ibid.*, p. 563.

29. *Ibid.*, p. 560.

dernier, il doit être inscrit dans le cérébral, ce qui a d'ailleurs été récemment mis en évidence, contrairement à ce que Libet avait pensé [30]. Reste à savoir si ce veto est aussi *précédé* d'une action cérébrale typique. Si c'est le cas, soit on s'engage dans une régression à l'infini, soit on doit adopter le neurodéterminisme ; si ce n'est pas le cas, alors cet événement psychique est probablement quelque chose de *sui generis*, ce qui est d'ailleurs bien la thèse soutenue par les partisans du libre arbitre. Marcel Brass et Patrick Haggard n'ont pas pu déterminer en toute certitude que le veto était bien précédé d'une action cérébrale typique, c'est-à-dire si l'inhibition de l'action était cérébrale avant d'être psychique, bien qu'ils estiment que c'est très probable. Quoi qu'il en soit, il faut souligner que leur test n'est que partiel, en ce sens qu'il ne vaut que pour le cas où le veto est *conscient* ; or l'activité de veto dont parle Libet est généralement inconsciente, puisque nous agissons – et donc renonçons à agir – à chaque instant, si bien que le sujet serait fort en peine d'indiquer le moment où il a pris la décision d'arrêter tel mouvement cérébralement commencé.

Quand on y réfléchit, on se rend compte que Libet adopte la posture de l'esprit homonculaire, en plaçant l'autorité psychique de décision en position méta, exemptée des contraintes qui pèsent sur les activités cérébrales. Mais, ici, cette extension du point de vue subjectif, déjà illicite en elle-même, perd encore tout ancrage dans la réalité introspective, puisque la conscience finit par lui faire défaut, comme c'est aussi le cas chez John Eccles, qui considère que l'esprit conscient de lui-même (*self-conscious mind*) a pour principale activité de scanner le cerveau afin de détecter les modules cérébraux susceptibles d'être réceptifs à son activité [31]. Manifestement est à l'œuvre dans tout ce débat une conception de la décision volontaire fautive. Mais pour savoir quelle est la bonne, ce n'est pas à l'imagerie cérébrale qu'il faut recourir – ou du moins est-il prématuré d'y recourir : l'analyse conceptuelle de la psychologie

---

30. *Cf.* M. BRASS et P. HAGGARD, « To do or not to do : the neural signature of self-control », *The Journal of Neuroscience*, 22 août 2007, p. 9144.
31. *Cf.* K. POPPER et J. ECCLES, *The Self and its Brain*, Springer International, Berlin, 1981, p. 364-365.

philosophique est encore le lieu approprié pour tenter d'y voir plus clair[32].

De l'éthique à la métaphysique

La thèse de l'indépendance de la conception de la responsabilité du sens commun par rapport aux neurosciences est donc bien étayée. Certes, la plupart des auteurs sentent mal cette indépendance – ou, du moins, elle ne les satisfait pas – et en viennent à affirmer tantôt la primauté du point de vue objectif (Searle dans les textes que j'ai cités, Patricia Churchland et les déterministes durs), tantôt celle du point de vue subjectif (les cartésiens, Libet et Eccles), ce qui à mon sens crée bien des malentendus. Il est par conséquent bien plus adéquat de maintenir que l'introspection ou la conscience sont des sources de connaissance d'un autre type, socialement et moralement fondamentales, mais scientifiquement muettes.

Cependant, quand on y réfléchit, on se sent tout à coup ébranlé : l'introspection peut-elle vraiment se placer sur un autre plan que la science, en ce sens que ses résultats seraient simplement autres, incommensurables ? L'introspection peut-elle continuer son bonhomme de chemin sans se soucier de ce que les sciences de l'esprit et du cerveau découvrent, en toute indépendance ? La réponse dépend de ce que nous voulons faire. Si ce qui nous occupe, c'est de proposer une conception de la responsabilité morale et judiciaire qui rende compte de notre expérience du comportement humain, alors la réponse est sans conteste positive, avec cette précision que les neurosciences nous renseignent sur certaines limites que rencontre cette responsabilité. Toute l'argumentation de ce chapitre a été dévolue à l'établir. En revanche, si ce qui nous occupe est la question métaphysique du libre arbitre, alors la réponse sera négative : il n'existe pas deux vérités, mais une seule. Qui est capable de la délivrer ? Le point de vue subjectif ou le point de vue objectif ? C'est à cette question que j'aimerais consacrer la fin de ce chapitre.

---

32. *Cf.* par exemple celle que propose N. LEVY, *in Neuroethics, op. cit.*, p. 231-239.

Pour les cartésiens classiques, l'existence du libre arbitre est ce qu'ils appellent une vérité de sentiment ou de conscience. Comme le dit Bossuet, anticipant en quelque sorte Searle : « Un homme qui n'a pas l'esprit gâté n'a pas besoin qu'on lui prouve son franc-arbitre, car il le sent ; et il ne sent pas plus claire-ment qu'il voit, ou qu'il reçoit les sons, ou qu'il raisonne, qu'il se sent capable de délibérer et de choisir [33]. » Maine de Biran en fera la théorie au début du XIXᵉ siècle en opposant, je l'ai mentionné, « point de vue objectif » et « point de vue sub-jectif », puis, en cartésien conséquent sur cette question, mettra le second au fondement du premier, comme le *cogito* fondait les sciences :

> La psychologie, par la nature même du sujet auquel elle s'attache, se place en avant des faits extérieurs et doit assigner les conditions de l'objectivité des existences et des causes. [...] C'est à elle, c'est à cette philosophie vraiment première (et qui n'a pas été vainement caractérisée ainsi) qu'il appartient de justifier les premières données sur lesquelles la physique s'appuie avec une confiance aveugle [34].

De manière moins systématique, c'est bien ce que Libet dit encore : la croyance au libre arbitre est première, les faits scien-tifiques doivent être en accord avec elle. Mais une telle manière de voir les choses est problématique pour trois raisons au moins :

1. Loin d'affirmer l'indépendance des données de l'intro-spection et de celles des sciences objectives, elle pose le carac-tère incorrigible des premières et force à interpréter les résultats des secondes dans le cadre qu'elles ont défini. Dans l'histoire de la philosophie, seul Kant paraît avoir maintenu strictement l'indépendance, sous les rubriques du monde phénoménal (connaissable) et du monde nouménal (inaccessible aux sens).

2. L'idée que la connaissance scientifique ait un antécédent nécessaire dans la conscience a été abandonnée par tous les phi-losophes, à l'exception des phénoménologues transcendantaux, et n'a jamais été envisagée sérieusement par les scientifiques contemporains, et ce pour de bonnes raisons.

---

33. BOSSUET, *De la connaissance de Dieu et de soi-même*, in *Œuvres complètes de Bossuet*, Lefèvre et Gaume, Paris, 1836, t. X, p. 37a.
34. P. MAINE DE BIRAN, *Rapports des sciences naturelles avec la psychologie*, in *Œuvres*, Vrin, Paris, 1986, t. VIII, p. 213-214.

3. Parmi ces bonnes raisons, l'une vient justement des neurosciences et, plus largement, de la psychologie cognitive : les expériences menées dans le cadre de ces deux disciplines indiquent sans ambiguïté que l'introspection (la conscience, la connaissance à la première personne) n'est pas toujours une source de connaissance fiable, tant s'en faut qu'elle soit incorrigible. Souvent, ce qu'affirme l'introspection est démenti par l'expérimentation, ce qui devrait nous rendre plus modestes dans nos affirmations sur nous-mêmes et sur ce que nous avons vécu (nos souvenirs).

Plus précisément, en ce qui concerne le dernier point, s'il reste vrai que, quand j'ai l'impression (subjective) de voir quelque chose, je ne peux me tromper sur le fait que j'ai cette impression, cette impression ne me dit rien sur la vérité de ce dont elle est l'impression. Si je suis affecté d'une épilepsie temporale et que, lors d'une crise, je vois Dieu et l'entends me délivrer un message, il est indubitable que je crois *voir* et *entendre* Dieu (j'en ai réellement l'impression), mais il ne s'ensuit pas que je vois et entends *Dieu*. C'est même le contraire qui est vrai. Or, se connaître soi-même, c'est se connaître *en vérité* et non en apparence, même si je ne peux, par la conscience, m'élever au-dessus de ces apparences. Dans l'illusion de Lyer-Müller, les deux lignes m'apparaissent de longueur différente alors qu'elles sont de même longueur ; le fait que je l'apprenne (en mesurant les lignes : point de vue objectif) ne me les fait pas voir de même longueur (*cf.* Figure). On dira peut-être, à l'instar de certains cognitivistes, que la modularité de l'esprit explique que le module subjectif soit *en lui-même* imperméable à toute correction, et on aura raison, mais cela n'empêche pas que le point de vue subjectif puisse être *objectivement* corrigé, même si ce n'est pas sur le même niveau, et donc que son indépendance ne soit que relative : elle ne dure que tant qu'on se désintéresse de la vérité.

Ainsi, quand il est question de connaissance proprement dite, l'introspection n'a aucun statut privilégié et il est courant que, lorsqu'une expérimentation est montée, l'introspection révèle ses biais et ses défauts. Par exemple, la stimulation magnétique transcrânienne a un effet sur notre action volontaire : lorsqu'on demande à des sujets de lever le bras de leur choix, ils lèvent bien plus souvent celui qui se trouve à l'opposé de l'hémisphère stimulé, alors qu'ils expérimentent leur choix comme libre [35]. Spinoza déjà relevait que celui qui a bu parle plus que lorsqu'il est dans son état normal, et croit le faire en toute liberté [36]. S'il en est ainsi, alors Greene et Cohen ont raison sur le principe : les neurosciences jettent une ombre sur le libre arbitre. Certes, dans l'expérience rapportée par Levy, il s'agit d'une décision sans aucun enjeu personnel ou moral, le sujet n'ayant aucune raison, aucun motif de lever un bras plutôt que l'autre. Il n'est pas sûr que le résultat serait le même si on demandait au sujet de faire quelque chose avec quoi il est en désaccord ou qu'il réprouve.

Cela concédé, il n'en reste pas moins que, sur le plan pratique de notre vie morale et sociale, il nous est subjectivement impossible de vivre et d'agir sans faire la présupposition de notre liberté, comme Searle l'a soutenu avec raison. Il en résulte que, si du point de vue de la connaissance introspective de nous-mêmes, nous sommes condamnés à une forme d'illusion, celle-ci est indépassable dans le cadre de notre vie pratique.

L'ombre ainsi jetée par les neurosciences sur le libre arbitre s'étend toutefois rapidement. En effet, si un cerveau endommagé détermine notre comportement, *un cerveau sain le fera tout aussi sûrement* – de même que, dans la génétique, si les gènes expliquent les comportements anormaux, ils expliquent aussi les normaux. Comme le dit Joëlle Proust : « Si l'agent n'est pas libre dans le cas où il est manipulé, pourquoi le serait-il dans les cas normaux, où des mécanismes causaux (internes et environnementaux) sont objectivement impliqués

---

35. *Cf.* N. Levy, *Neuroethics, op. cit.*, p. 146.

36. *Cf.* B. Spinoza, *L'Éthique*, Gallimard, « Pléiade », Paris, 1954, p. 418 : « Un homme ivre aussi croit dire d'après un libre décret de l'esprit ce que, revenu à son état normal, il voudrait avoir tu. »

dans la conscience qu'il prend de ses états[37] ? » Ni le malade ni l'homme sain n'ont la capacité de ne pas faire ce qu'ils font : ils ne sont pas libres au sens du libre arbitre. Si l'on objecte à cela que ce que les neurosciences nous disent, ce n'est pas que nous ne sommes pas libres, mais simplement que nous ne sommes pas *totalement* libres, et que notre responsabilité subsiste pour ce qui échappe à leur juridiction, on doit néanmoins constater que ce qui y échappe se restreint singulièrement et tend résolument au néant : notre pensée, nos intentions et nos décisions ne sont-elles pas matérialisées dans notre cerveau et donc indissolublement liées à ce qui s'y passe et qui, fondamentalement, échappe à notre contrôle ? Pour quelqu'un qui estime que les sciences énoncent des vérités et que, même si elles n'y parviennent pas toujours, elles constituent le meilleur accès que nous ayons à la réalité, le doute n'est plus vraiment permis.

Cela ne convaincra pas celui qui pense, à l'instar de maître Eckhart, qu'il existe un « réduit secret de l'âme » où « se glisse Dieu seul[38] ». Mais pour les autres, il est tout de même révélateur qu'ils cherchent tous à concilier les données de la conscience et celles des sciences. Bergson lui-même a tenté de rendre compte de l'action de la liberté sur le cerveau en ces termes : « Il est d'ailleurs bien possible que, si la volonté est capable de créer de l'énergie, la quantité d'énergie créée soit trop faible pour affecter sensiblement nos instruments de mesure[39]. » Presque un siècle plus tard, les sciences ayant évolué, Eccles formulera d'autres hypothèses inspirées de la mécanique quantique et, très récemment, Searle se glissera dans le même moule, en effectuant un virage significatif[40]. Manifestement, sur le plan de la métaphysique, il est difficile de contester la primauté de la méthode scientifique et des résultats qu'elle délivre ; c'est pourquoi, si l'on veut sauver les institutions de la morale et du droit dans les principes que nous leur connaissons, le compatibilisme tel que je l'ai défendu paraît la seule option possible.

---

37. J. Proust, *La Nature de la volonté*, Gallimard, Paris, 2005, p. 240.
38. « IXe sermon latin », *in* F. Brunner, *Maître Eckhart*, Seghers, Paris, 1969, p. 160.
39. H. Bergson, *L'Énergie spirituelle*, *op. cit.*, p. 841.
40. *Cf.* J. Searle, *Liberté et neurobiologie*, Grasset, Paris, 2004.

3

Lire dans l'esprit

Les neurosciences, par l'intermédiaire de l'imagerie cérébrale (ou « neuro-imagerie »), nous permettent de lire dans l'esprit. C'est là une sorte de défaite pour le cartésianisme : les pensées, c'est-à-dire des entités qui paraissaient par essence privées, deviennent publiques. J'en ai déjà montré les effets dans le cas des émotions « racistes », où des interprétations naïves et tendancieuses risquaient d'en constituer le prix. J'en ai encore rapidement parlé à propos des détecteurs de mensonges. Mais c'est sans doute la question de la nature de certains états psychologiques, comme les inspirations religieuses, qui révèle toute l'acuité du problème. Sur ce point, la perplexité n'a pas attendu l'arrivée des neurosciences, comme ce passage de Dostoïevski l'atteste : « Là n'est pas la question, mon cher prince ; ce qu'il s'agit de savoir, c'est si votre sentiment était véritable, sincère, naturel, ou s'il procédait seulement d'une exaltation cérébrale [1]. »

Lire les pensées de nos semblables est un rêve pour certains (s'il est le lecteur) et sans doute un cauchemar pour d'autres (s'il est le livre). Cette ambition est d'ailleurs un thème classique de la littérature de science-fiction. La phrénologie avait le même espoir. Bien sûr, il n'est actuellement pas question de lire les pensées au sens strict et encore moins les relations complexes qui existent entre elles lorsque l'on réfléchit ; tout au

---

1. F. Dostoïevski, *L'Idiot*, Gallimard, « Folio », Paris, 1953, p. 708.

plus peut-on détecter certains *types* de pensée (penser à une maison ou à un visage, mentir – peut-être –, ou avoir l'intention d'effectuer une addition plutôt qu'une soustraction). On peut aussi, en présentant des images ou des photos à une personne, savoir si ce qui y est représenté lui est familier ou non. Il y a là des choses anodines, et d'autres moins. Je me bornerai ici à présenter certaines utilisations de l'imagerie qui posent des questions morales, puis je me livrerai à des réflexions méthodologiques que cette technologie suscite, dont l'interprétation des émotions a déjà fait sentir l'importance, et qui obligent à se demander si ce que l'imagerie nous livre, ce sont *vraiment* nos pensées.

Avec ce nouveau thème, « lire dans l'esprit », je déborderai quelque peu ce qu'Adina Roskies appelait l'*éthique des neurosciences*, et plus précisément l'étude des implications sociales, éthiques et philosophiques des neurosciences, pour m'engager dans la *neuroscience de l'éthique* et des disciplines apparentées, à savoir dans l'examen des réactions cérébrales lors de certaines activités « spirituelles » de l'être humain. Le passage de l'un à l'autre est dans une certaine mesure inévitable, puisque toute activité humaine est susceptible d'être lue dans le cerveau, c'est-à-dire qu'il est possible d'en examiner l'activité cérébrale corrélative.

La détection des menteurs

Voici une petite histoire qu'on pouvait lire sur le site d'une organisation technophobe grenobloise (« Pièces et main-d'œuvre ») : « Antoine et Éliane enquêtent sur un fauchage d'organismes génétiquement modifiés (OGM). Le suspect nie, mais en relevant son empreinte cérébrale, ils notent que les photos des lieux éveillent des souvenirs dans son cerveau. Ils le font mettre en examen. » L'imagerie permet de détecter les coupables et de débusquer les menteurs. On a rapporté que des photos de camps d'entraînement d'Al-Qaida ont été montrées à des prisonniers de Guantanamo et que, selon la réaction de leur cerveau, c'est-à-dire selon que leur cerveau montrait qu'ils reconnaissaient l'endroit ou non, ils étaient inculpés ou non. On peut aussi penser qu'une telle technique permettra d'identifier les personnes coupables d'abus sexuels sur les enfants. De manière moins dramatique, bien que préoccupante, les détecteurs de mensonge ont refait leur apparition ; aux États-Unis, ils ont déjà été acceptés comme éléments de preuve dans plusieurs procès depuis 2001. En 2003, Terry Harrington, condamné à la prison à perpétuité pour meurtre, a été libéré en appel dans l'Iowa grâce à l'utilisation de cette technologie, qui a convaincu le jury qu'il ne connaissait pas les lieux du crime et que son alibi était vrai. Plusieurs *start-up* vendent maintenant des détecteurs sur Internet et soulignent sur leur site les succès qu'ils ont remportés lors de procès, mentionnant encore des prises de position publiques de personnalités qui comptent en leur faveur. Par exemple, on peut lire cette déclaration du sénateur Charles Grassley : « Il me semble que nous avons intérêt à nous assurer que les innocents quittent libres le tribunal et que les coupables soient punis. Dans ce cas, tout outil technologique qui peut nous aider à distinguer l'innocence de la culpabilité doit être rendu public[2]. »

Les techniques proposées divergent selon les entreprises : certaines utilisent des électroencéphalogrammes, d'autres la résonance magnétique. Chacune a ses avantages et ses inconvénients. Par exemple, la seconde requiert que le sujet examiné garde la tête immobile ; il peut donc prendre une contre-mesure très simple. Mais, dans ce cas, c'est, pensera l'interrogateur, qu'il a quelque chose à se reprocher... De manière plus sophistiquée, le sujet peut penser à autre chose pendant qu'on lui pose une question. Contre-mesure qui a déjà suscité une contre-contre-mesure, sous la forme d'un logiciel permettant de détecter cette direction indésirable de l'attention[3]. On a parfois l'impression d'une course aux armements qui n'est pas sans rappeler la lutte contre le dopage, dont il sera rapidement question dans le chapitre suivant. Sur le site d'une de ces *start-up*, on lit encore que la méthode, testée cliniquement, a une précision de 90 %, et que l'analyse des données a l'avantage de faire l'impasse sur la subjectivité humaine, vu qu'elle est effectuée automatiquement par le programme de l'ordinateur, au moyen

---

2. <www.brainwavescience.com>.
3. *Cf.* T. CANLY *et al.*, « Neuroethics and national security », *The American Journal of Bioethics*, n° 5, 2007, p. 3-13.

d'un algorithme qui aurait été validé par des milliers d'études cliniques.

Que la méthode se veuille plus fiable que celle qui s'en remet à la subjectivité humaine, on le comprend, même si l'on peut légitimement se demander si une situation pénale, à savoir un procès, est d'une nature telle que la subjectivité humaine y soit plus un inconvénient qu'un avantage. Par là, je veux dire que dans des situations sociales complexes, où la communication tant verbale que non verbale a son importance, la subjectivité n'a sans doute pas tous les défauts qu'on lui prête. Mais ce n'est pas le point qui m'intéresse. Plus importante est, à mon sens, l'indication de la précision : 90 % (le but affiché de la compagnie est d'atteindre une précision de 95 %[4]). Un tel chiffre peut paraître impressionnant, du moins tant qu'on n'y réfléchit pas. Lorsqu'on le fait, on se rend compte qu'une réussite dans 90 % des cas implique un échec dans 10 %, à savoir une fois sur dix. Certes, le détecteur n'a pas pour tâche de déterminer la culpabilité ; c'est toujours la tâche du juge ou du jury et il ne constitue qu'un élément à charge ou à décharge parmi d'autres. Mais quand on connaît l'impact psychologique de toute nouvelle technologie et l'importance des images dans la formation de l'opinion, on peut nourrir quelque inquiétude. Il y a là des questions importantes, dont les conséquences judiciaires et éthiques ne sont pas négligeables, mais dans la mesure où elles concernent la fiabilité des éléments de preuve, je ne m'en occuperai pas, car il n'y a là rien de particulier aux neurosciences.

Je vais donc faire l'hypothèse – fausse – que la fiabilité de la technique de lecture de l'esprit, à savoir l'imagerie cérébrale, est parfaite, qu'elle peut sans difficulté passer du laboratoire aux situations de vie réelle, où l'on ne se contente pas de jouer à mentir – par ailleurs, en laboratoire, cette technique n'a jamais été utilisée sur des sujets malades, ou avec un passé de criminels. Ce point est important et mérite tout de même un commentaire : entre mentir en situation expérimentale et mentir dans un prétoire, la différence ne tient pas seulement à l'environnement ; il s'agit d'actes d'une tout autre nature. Dans la vie courante (qui est celle des prévenus), il existe une multitude de

---

4. <http://www.cephoscorp.com/Cephos_Corp_About_Us.html>. Cela, à l'automne 2007. Actuellement, le taux de réussite indiqué est de 94 %.

types de mensonge et, dans bien des cas, la frontière entre vérité et mensonge n'est pas si nette. Dans l'expérimentation, on doit forcément s'en tenir à des cas basiques (dire que ma clé ne se trouve pas dans poche alors que je sais pertinemment qu'elle y est), qui sont des situations où le sujet connaît avec certitude la vérité et où son mensonge implique une inhibition volontaire de ce qu'il sait. Il s'agit donc de cas de mensonge bien particuliers ; comment étendre alors les résultats obtenus au mensonge en général ? L'inférence est évidemment invalide, et l'on peut craindre que, pour tout état mental un peu sophistiqué, on rencontre les mêmes difficultés, sans parler des biais culturels, puisque mentir, à l'instar des autres phénomènes mentaux complexes, revêt une forte composante culturelle. Certes, il se pourrait que les neurosciences nous obligent à revoir nos concepts de sens commun comme « mensonge », ou même « conscience » ou « mémoire », mais on en est actuellement encore fort loin. Laissons toutefois cela, et faisons comme si l'on pouvait lire dans l'esprit de façon fiable et de telle manière que le droit puisse y puiser des éléments de preuve. Cela ferait-il évaporer toute difficulté morale ?

Il est évident que ce n'est pas le cas. Il reste d'abord un problème proprement juridique : il est généralement admis que nul ne peut être contraint à témoigner contre lui-même ; l'utilisation d'un détecteur de mensonge ne viole-t-elle pas ce principe ? Je laisse aux spécialistes du droit la tâche de répondre, mais il est probable que ce soit le cas. Une autre difficulté, que je mentionne encore en passant, vient du fait que le détecteur de mensonge s'occupe des pensées et des intentions, non des actes, auxquels le droit s'intéresse en priorité. Or, comme le remarquent Luis Justo et Fabiana Erazun, « les désirs et fantasmes d'un Palestinien concernant la disparition d'Israël ou des États-Unis, par exemple, ne signifient pas qu'il planifie des actions violentes pour obtenir ce but [5] ». Certes, action et pensée sont liées, et il arrive qu'on passe de la seconde à la première – le passage à l'acte – mais, dans le cadre de ce que certains appellent aujourd'hui l'« hystérie sécuritaire », on peut effectivement craindre des conclusions hâtives. Ainsi que le souligne

---

5. L. Justo et F. Erazun, « Neuroethics and human rights », *The American Journal of Bioethics*, n° 5, 2007, p. 17.

Jeffrey Rosen, il y a là quelque chose de paradoxal : alors que, souvent, on invoque les neurosciences pour diminuer ou ôter la responsabilité et donc la culpabilité d'un accusé, dans le cas qui nous occupe, on risque d'imputer une responsabilité pour des actes qu'on n'a pas (encore) commis [6]. Enfin, il y a une difficulté plus générale, qui concerne tant l'éthique que le droit : la question de l'atteinte à la vie privée.

La distinction entre sphère publique et sphère privée est un des points fondamentaux de la conception libérale de la société. De nos jours, les empiètements sur la vie privée se multiplient (surtout sur la vie privée des personnes publiques) : les paparazzi d'abord, *YouTube* ensuite dévoilent ce qui, dans l'esprit de ceux qui sont ainsi dévoilés, aurait dû rester caché. Ce qui le permet, ce sont les divers moyens d'enregistrement de sons et d'images à distance : un téléobjectif permet d'entrer dans l'intérieur d'un appartement. Plus généralement, quoique de manière moins visible, les bases de données et les caméras dans les lieux publics dévoilent bien des aspects de la vie de monsieur et madame Tout-le-monde qui, pendant longtemps, étaient restés cachés. Jusqu'ici, c'est-à-dire jusqu'à l'essor des neurosciences, le caractère privé des pensées restait toutefois inviolé ; avec l'imagerie cérébrale, c'est en train de changer : certaines de nos pensées les plus secrètes pourraient devenir publiques, contrairement à ce que les cartésiens pensaient – il faut toutefois reconnaître que les psychologues ont depuis longtemps mis au point des tests qui permettent de dévoiler certaines de nos pensées et nos préjugés. Ce n'est d'ailleurs pas par hasard que le marketing s'intéresse au fonctionnement de notre cerveau et qu'on a vu fleurir des études et des ouvrages se réclamant du « neuromarketing ».

Toutefois, il faut se garder de s'emballer. Ainsi que le notait le quotidien genevois *Le Temps*, « la peur que [l'imagerie cérébrale] permette un jour de lire les pensées des gens ou de tirer des conclusions quant à leur personnalité est sans fondement [7] ». En effet, représenter la richesse et le déroulement des pensées sur une carte cérébrale restera pour longtemps une tâche irréalisable ; pour l'heure, ce sont seulement des *types* de pensées

---

6. J. ROSEN, « The brain on the stand », *New York Times*, 11 mars 2007.
7. 9 mai 2006.

isolées qu'on cst à même de mettre en évidence (généralement, dans les tests de démonstration, une maison et un visage, car ces deux types d'objets ont des localisations cérébrales bien distinctes). Néanmoins, dans la mesure où toute pensée individuelle est corrélée à un état cérébral individuel (ce qu'il est nécessaire d'admettre, à moins de postuler à nouveau l'existence d'un esprit homonculaire qui vivrait des expériences non répercutées dans et par le cerveau), cette tâche n'est pas *par principe* impossible. Elle est actuellement au-dessus de nos forces et le restera peut-être toujours, mais ce ne sera qu'à cause des limitations contingentes de nos moyens et capacités d'investigation.

Quoi qu'il en soit, la publicisation de nos pensées est et restera, par principe, médiate, vu qu'il n'existe pas d'accès direct aux pensées par le moyen de l'imagerie. On le voit bien dans le cas des animaux : l'imagerie cérébrale ne paraît pas être à même d'aller fort loin dans l'exploration des états mentaux des êtres dont le cerveau est différent du nôtre ; plus on s'éloigne du cerveau humain, moins il est possible de savoir, et si l'on peut détecter une activité cérébrale, c'est une autre chose que d'en extraire l'information mentale. Ce caractère indirect vaut évidemment aussi pour l'accès aux pensées des êtres humains : les états mentaux d'autrui ne me sont accessibles que par des instruments, dont l'architecture est sous-tendue par des théories, à savoir les hypothèses sur l'existence de corrélations fiables entre le cérébral et le mental – des corrélations (relations et corrélats) qui doivent être suffisamment semblables d'un individu à l'autre pour permettre des inférences elles-mêmes fiables.

La leçon éthique à tirer de cet état de chose est claire : si l'on veut continuer à protéger la sphère privée des personnes, alors il faut prendre des mesures à cet effet. C'est déjà le cas dans toutes les sociétés libérales ; simplement, il faut que la vigilance augmente en proportion de l'accroissement de la menace dû aux possibilités technologiques nouvelles. Elles sont nombreuses et l'imagerie cérébrale est celle qui va le plus profond ; toutefois, elle ne constitue pas pour l'instant le risque le plus grand, étant donné l'infrastructure qu'elle exige. Sur ce plan, ce que les nanotechnologies nous font entrevoir est bien plus inquiétant (nanomicros, nanocaméras, etc.).

La phrénologie préventive

Lire dans l'esprit pour savoir ce qui s'y passe maintenant, mais aussi ce qui s'y passera dans le futur... Imaginons le cas suivant :

> Nous sommes en 2075. Le gouvernement vient juste d'approuver une loi selon laquelle les criminels perdent automatiquement le droit au caractère privé de leur empreinte cérébrale, c'est-à-dire de la carte des opérations cognitives et affectives caractéristiques du cerveau d'une personne. Si vous êtes convaincu de crime, votre empreinte cérébrale est stockée dans une base de données conservée par le gouvernement. Elle peut alors être comparée avec celle d'autres criminels afin de déterminer les configurations de comportement et la probabilité de récidive [8].

Au début du XIXe siècle, je l'ai mentionné, Gall espérait déjà trouver la bosse du crime ; plus près de nous, la génétique prédictive a tenté – et tente toujours – de détecter les gènes qui sont à l'origine de comportements « inadéquats ». Les neurosciences leur ont, en un certain sens, emboîté le pas. Ces comportements inadéquats peuvent mettre en danger la personne elle-même (on parle alors volontiers de maladie) ou autrui (il est alors souvent question de comportement criminel). Par exemple, on sait que la propension au suicide est corrélée avec une hypoactivité sérotonine, dépendante de la présence d'un allèle court du gène 5-HTT, que les schizophrènes ont moins de matière grise que les individus sains et que les enfants atteints d'autisme ont l'amygdale trop grosse. Or ces connaissances permettent des prédictions et donc, dans certains cas tout au moins, des actions de prévention : l'imagerie cérébrale pourrait être préventive, d'où l'expression, certes un peu provocatrice, de « phrénologie préventive ». En effet, le « gène du suicide » est présent dès la naissance et la diminution de matière grise s'observe avant l'apparition des symptômes, comme le souligne Walter Glannon :

> Ces sujets ont moins de matière grise dans les lobes frontaux et temporaux, ainsi que dans le gyrus cingulaire. Cette quantité plus faible de matière grise est associée avec les symptômes de la schizophrénie. Le plus significatif dans cette étude est que les images

---

8. J. Timpane, « Models for the neuroethical debate in the community », *Cerebrum*, n° 4, 2004, p. 105.

prédisent la maladie mentale avant que les sujets ne développent des symptômes complets. Cela suggère la possibilité d'utiliser la résonance magnétique structurelle pour prédire des maladies neurologiques et psychiatriques d'apparition tardive [9].

Lorsque le désordre génétique ou cérébral est corrélé avec un comportement dommageable pour des tiers – notablement un comportement violent –, il ne devrait pas en aller différemment.

Intervenir sur la base de ce que l'on sait est l'essence même de la médecine et de toute science qui a des prolongements technologiques. Cela a aussi été le cas pour le cerveau, et certains chapitres de cette histoire sont assez sombres, notamment celui des interventions chirurgicales pratiquées au cours du XXe siècle – les lobotomies des années 1960 déjà évoquées. Elles ont été surtout à visée curative, mais rien n'aurait empêché de les pratiquer aussi de manière préventive, si on avait pensé disposer de connaissances suffisantes pour prédire de futurs comportements inadéquats. D'ailleurs, il y a eu quelques tentatives dans ce sens qui, par bonheur, n'ont pas été suivies d'un passage à l'acte. Jean-Noël Missa rapporte qu'un père avait demandé qu'on administre des électrochocs à sa fille afin de la dissuader d'épouser un jeune homme qu'il n'agréait pas [10] ; pourquoi pas une lobotomie de même effet ? Maintenant, nous commençons à disposer de connaissances suffisantes, ainsi que de moyens moins invasifs et « barbares » d'intervention dans les circuits cérébraux. L'implantation d'électrodes dans le cerveau (la stimulation cérébrale profonde) est déjà utilisée avec succès pour soigner des maladies somatiques comme la maladie de Parkinson, et les quelques « ratés » montrent que l'humeur est susceptible d'être affectée par le même canal, que certaines maladies psychiatriques peuvent même être suscitées [11]. Doit-on alors intervenir préventivement lorsqu'on le peut et lorsqu'on est en présence d'un véritable désordre mental ? Souvenons-nous de ce que proposait Delgado, à la suite de ses expériences sur les taureaux, il y a un

---

9. W. GLANNON, « Neuroethics », *Bioethics*, n° 1, 2006, p. 43.

10. J.-N. MISSA, *Naissance de la psychiatrie biologique*, *op. cit.*, p. 179-180.

11. *Cf.* K. FOSTER, « Engineering the brain », *in* J. ILLES, *Neuroethics*, *op. cit.*, p. 194-195, et A. DAMASIO, *Spinoza avait raison*, *op. cit.*, p. 72-74.

demi-siècle. Glannon relève toutefois que la société civile y est opposée :

> Il est moralement controversé d'intervenir dans les circuits neuronaux ou la biochimie de personnes dont les images structurelles et fonctionnelles du cerveau manifestent des anormalités qui sont fortement corrélées avec un comportement violent. Même si une telle intervention était faite avec les meilleures intentions, la manipulation chirurgicale du cerveau en tant que forme de contrôle forcé du comportement pourrait être moralement inacceptable pour la plupart des personnes [12].

Cependant, selon le même auteur, quand on y réfléchit, les choses paraissent moins claires. En effet, continue-t-il :

> La question est particulièrement controversée dans le cas d'enfants avec de sévères anormalités du cortex préfrontal et sans aucune sensibilité morale. Un morne futur de psychopathie et de violence peut être inscrit dans leurs neurones. À moins qu'ils ne souffrent de dommages structurels irréparables, intervenir pharmacologiquement à un âge précoce afin de corriger ou d'améliorer le mauvais fonctionnement de leur cerveau pourrait prévenir toute une vie de comportement criminel.

Intervenir pharmacologiquement ou par le moyen d'implants cérébraux revient ici à protéger non seulement les autres, mais aussi le sujet : tous sont victimes dans ce cas de figure. Bref, comme le dit Damasio : « La compréhension de la neurobiologie de la sociopathie pourrait conduire à sa prévention ou à son traitement [13]. » Mais cela suscitera de nouvelles questions ; Adina Roskies demande : « Si quelqu'un sait qu'il court un risque d'épisode psychotique, devra-t-il être tenu pour légalement responsable pour ce qu'il fera lors de l'épisode, vu qu'il ne l'a pas empêché de survenir [14] ? »

Si nous sommes réticents à intervenir, c'est toutefois pour plusieurs bonnes raisons. D'abord, comme je l'ai mentionné, notre système judiciaire se préoccupe des actes et non des propensions ou probabilités d'action. Même les intentions jouent un rôle second (on n'invoque la préméditation que comme circonstance aggravante de l'acte lui-même). Ensuite, on estime

---

12. W. GLANNON, « Neuroethics », *loc. cit.*, p. 42.
13. A. DAMASIO, *L'Erreur de Descartes*, *op. cit.*, p. 246.
14. A. ROSKIES, « Neuroethics for the New Millenium », *loc. cit.*, p. 14.

que c'est à l'éducation de former le caractère, non à la médecine ou à la chirurgie. Enfin, on craint les abus et les dérives.

Le droit a d'excellents motifs de s'en tenir au jugement des actes et, dans une certaine mesure, à la probabilité des récidives. Cela n'exclut pas toute possibilité de dérive, comme l'histoire imaginaire de la décision du Congrès de 2075 l'indique. La crainte des abus, des erreurs de diagnostic ou de leur banalisation est aussi justifiée : selon certains, l'usage actuel du Ritalin chez les enfants est déjà le signe de ce type de dérive. Par ailleurs, le lien entre la présence d'une lésion et la réalité d'un comportement ne paraît pas mécanique. Comme on l'a vu avec Gazzaniga au chapitre précédent, le taux de criminalité des personnes souffrant d'une lésion importante du lobe préfrontal ventromédian est comparable à celui du reste de la population, et Ronald Green souligne qu'elles ne sont pas toutes sociopathes, comme l'étaient Gage ou Elliot [15].

Toutefois, craindre les dérives, c'est accepter le principe. Est-il alors judicieux d'intervenir dans certains cas (les plus lourds) ? Même ceux qui pensent que c'est à l'éducation de former le caractère ne peuvent l'exclure *a priori*. En effet, l'existence du droit pénal et des condamnations morales manifeste que l'éducation peut échouer. Mais peut-être faut-il s'en remettre aux peines pour « corriger l'être modifiable qu'on appelle méchant » et considérer qu'elles contribuent elles aussi à l'éducation ? Sans entrer dans les débats sur le caractère récupérable ou non de certains criminels et sur le taux de récidive pour certains crimes, l'existence des déterminismes neurologiques dont il a été question dans le chapitre précédent montre qu'on ne peut se contenter de promouvoir l'éducation : la nature de certains désordres cérébraux est telle que, s'il est possible d'agir, ce ne sera pour l'essentiel qu'au niveau du *hardware* – le cerveau dans sa matérialité. D'ailleurs, nous en tombons déjà largement d'accord : si la psychiatrie existe, avec son arsenal de pilules, c'est parce que l'éducation, la psychologie et la psychanalyse rencontrent de très sérieuses limites, même si elle-même a ses propres limites et a été parfois utilisée bien au-delà de sa juridiction légitime.

---

15. R. GREEN, « From genome to brainome : Charting the lessons learned », *in* J. ILLES, *Neuroethics, op. cit.*, p. 114.

Dès lors, dans le cas des enfants envisagés par Glannon, c'est-à-dire des cas où on observe (a) une sévère anomalie fonctionnelle du cerveau, (b) une forte probabilité d'un comportement antisocial qui ruinera aussi la vie de l'individu, (c) une incapacité prévisible de l'éducation d'empêcher le développement de ce comportement, et (d) des médicaments susceptibles d'y suppléer, on ne voit pas au nom de quel principe moral on devrait se priver d'intervenir. Il est même clair qu'il existe au contraire un *devoir* d'agir, puisqu'il s'agit à la fois de protéger des victimes futures et de permettre à l'individu concerné de mener sinon une vie heureuse, du moins une vie décente. Or on rencontre de tels cas, ou du moins des cas qui réunissent certaines des conditions mentionnées, comme l'atteste cette histoire, rapportée par Damasio. Une petite fille, blessée lors d'un accident à l'âge de quinze mois, développe à l'adolescence un comportement inadéquat sans qu'on en soupçonne la cause :

> Lorsqu'elle a eu quatorze ans, son comportement était si gênant que ses parents l'ont placée un temps dans un institut spécialisé. À l'école, elle était très capable, mais ne parvenait jamais à faire ce qu'on lui demandait. Son adolescence avait été marquée par son incapacité de respecter toute forme de règle et par de fréquents conflits avec ses camarades et les adultes. Elle se comportait de façon agressive, tant dans ses paroles que dans ses actes, envers les autres. Elle mentait de façon chronique. Plusieurs fois, elle avait été arrêtée pour vol à la tire ou pour des larcins chez d'autres enfants et dans sa famille. Elle avait eu très jeune un comportement sexuel à risques et était tombée enceinte à dix-huit ans. Une fois le bébé né, son comportement maternel avait été marqué par l'indifférence aux besoins de son enfant. Elle était incapable d'exercer un quelconque emploi par manque de fiabilité et violation des règlements. Elle n'exprimait jamais de culpabilité ou de remords pour un comportement inadapté, ni de sympathie pour les autres. Elle rendait toujours les autres responsables de ses difficultés [16].

C'est seulement à l'occasion d'un examen par scanner à résonance magnétique qu'on découvrit que l'accident avait causé une lésion du lobe préfrontal ventromédian analogue à celle de Gage. Le problème, actuellement, est que nous ne disposons pas de traitement efficace de ce type de désordre – la condition (d)

---

16. A. Damasio, *Spinoza avait raison, op. cit.*, p. 156.

n'est pas satisfaite –, mais le jour où l'un sera à disposition, au nom de quoi interdirait-on de l'employer ?

Que faut-il penser de la loi (fictive) du Congrès et surtout de ses conséquences possibles, à savoir l'incarcération préventive ou les traitements contraints ? Ici aussi, le bonheur des autres et celui de l'individu sont mis en danger par la probabilité de récidive. Certes, il n'est pas question de lésion cérébrale massive, mais dans la mesure où, comme on l'a dit, c'est le *comportement* qui intéresse l'éthique et le droit, si l'effet est le même, ne devrait-on pas intervenir ? On pourrait le penser si, d'une part, le crime commis est grave et si, d'autre part, la probabilité de récidive est significative : la similitude des situations l'exigerait. Toutefois, on objectera que traiter de la même manière un adulte qui possède sa capacité juridique et un enfant qui ne la possède pas, c'est-à-dire leur imposer une intervention, est moralement très différent. Certes, mais on peut tout à fait satisfaire ici à l'exigence du consentement libre et éclairé en offrant au condamné adulte le choix suivant : en admettant que son empreinte cérébrale montre une probabilité élevée de récidive, on lui propose une thérapie ; soit il l'accepte, soit il la refuse et reste alors détenu pour une durée indéterminée, vu les risques qu'il présente. Peut-être est-ce un abus de langage de parler ici de choix *libre*, mais il faut relever d'une part qu'un condamné n'est pas libre au sens où un citoyen innocent l'est (son acte l'a privé de certains droits et de certaines libertés) et, d'autre part, que c'est déjà la pratique dans certains cas : on offre par exemple aux violeurs et aux pédophiles la possibilité de recouvrer la liberté moyennant une thérapie, voire une castration chimique [17].

Bref, la phrénologie préventive est, en son principe, tout à fait légitime. Elle n'est d'ailleurs que partiellement préventive : ce n'est jamais *avant* toute action qu'on fait des investigations, et il faut avoir constaté un comportement inadéquat, et même gravement inadéquat, pour se mettre à chercher les causes – sinon, il faudrait scanner aussi souvent que l'on radiographiait à l'époque de la lutte contre la tuberculose. Quant à son application... ici, comme souvent, le diable se cache dans les détails. Imaginons cependant que l'on scanne tous les bébés à

---

17. *Cf.* D. DENNETT, *Freedom Evolves*, Allen Lane, Londres, 2003, p. 293.

la naissance, ou que la lésion dont souffre la petite fille dont parle Damasio ait été découverte immédiatement après l'accident et donc bien avant l'adolescence. Imaginons encore que nos connaissances en neurosciences aient tellement progressé qu'on puisse énoncer une loi quasi déterministe entre la lésion et le comportement futur, et qu'on dispose par ailleurs des moyens thérapeutiques d'intervenir efficacement pour pallier la lésion et ses effets. Devrait-on y renoncer parce que aucun acte répréhensible n'a encore été commis ? Je pense que ce ne serait pas justifié. Le bien et les droits des personnes concernées n'auraient pas à souffrir d'un surcroît de connaissances neurologiques efficaces, bien au contraire : on pourrait leur éviter, ainsi qu'à leurs victimes, les premiers actes violents et néfastes. Par ailleurs, loin de mettre en danger la liberté des personnes sur lesquelles on interviendrait, on leur en permettrait un véritable exercice, tout comme celui qui est délivré d'une vie affective chaotique (les passions des Anciens) est rendu à lui-même et à sa liberté – on verra plus loin que c'est exactement ce que le Prozac a procuré à une jeune femme, Sally, à la différence qu'elle ne souffrait pas d'un tempérament agressif, mais dépressif. Ceux qui en disconviennent devront admettre qu'il est bon qu'une bonne partie de notre vie morale se nourrisse d'incertitudes et d'ignorances, c'est-à-dire qu'il est bon que notre connaissance ne soit que lacunaire et l'efficacité de nos interventions limitée et aléatoire, car cela nous permet d'être libres. Ce n'est pas mon cas.

Cela me permet de revenir sur ce que j'ai dit plus haut concernant la vie privée et son importance. L'imagerie cérébrale rend en partie publiques nos pensées ; on voit maintenant que même nos pensées futures, avec nos intentions futures, peuvent le devenir, du moins en principe : un enfant qui a telle lésion cérébrale aura tel type d'intentions dans le futur, c'est inscrit dans son cerveau, même s'il ne s'agit que d'une prédiction statistique. N'y a-t-il pas là une violation encore plus profonde de la vie privée ? Dans la mesure où la vie privée n'est pas constituée uniquement des états mentaux présents (y compris de nos intentions présentes pour notre futur et celui de nos proches), c'est bien le cas. En effet, la prédiction concernant l'individu ne concerne pas seulement ce qui va nécessairement lui arriver (de telles prédictions font d'ailleurs la trame de la vie sociale et publique), mais le type de pensée qu'il va avoir et le type d'action qui va en découler. Pour s'immiscer ainsi dans la vie privée de quelqu'un, il faut de bonnes et solides raisons. Celles que j'ai mentionnées en sont et, donc, le jour où une phrénologie prédictive sera opérationnelle, son utilisation sera tout à fait justifiable d'un point de vue moral et dans certaines limites ; j'en dirai autant des détecteurs de mensonge. D'ailleurs, il n'y a dans une certaine mesure rien de nouveau ici : les psychologues ont depuis longtemps élaboré des tests qui ont une forte valeur prédictive. Par exemple, Walter Mischel a étudié la capacité qu'ont des enfants de quatre ans de différer une gratification (s'ils acceptent d'attendre un moment, ils reçoivent le bien qu'ils convoitent en plus grande quantité). Certains enfants en sont plus capables que d'autres ; or l'étude montre que cette capacité est fortement prédictive de leur réussite scolaire et sociale lorsqu'ils seront adolescents, et de leur capacité de former et de réaliser leurs projets [18]. Certes, il s'agit ici non de pensées et d'intentions, mais de comportements observables ; toutefois ces derniers renseignent bien évidemment sur les premières.

La neuroscience de l'éthique

Lire dans l'esprit ne signifie pas toujours pénétrer les pensées privées et la vie intérieure intime d'une personne. C'est aussi apprendre comment l'esprit fonctionne. On s'en est rendu compte lors de l'examen des émotions morales : l'amygdale y est intéressée et, comme on le découvre peu à peu, d'autres structures sont mises en jeu dans d'autres types de fonctionnement mental. Il est ainsi possible d'examiner et de passer en revue les capacités mentales humaines dans leurs différents domaines d'application. Deux de ces domaines vont retenir ici mon attention : l'expérience morale, dans cette section, et l'expérience religieuse, dans la suivante. La raison pour laquelle je les ai choisis est simple : si les neurosciences sont susceptibles de remettre en question certaines de nos croyances sur le mental, il est d'un intérêt certain de les appliquer à l'éthique

---

18. *Cf.* N. Levy, *Neuroethics*, *op. cit.*, p. 203-204.

elle-même et à la religion dans un ouvrage où il est question de neuroéthique.

Dans le domaine de l'éthique, la neuro-imagerie a été utilisée pour mieux comprendre notre fonctionnement dans des questions épineuses comme les dilemmes moraux ou dans l'adoption des diverses conceptions morales. En ce qui concerne ce dernier point, j'ai déjà mentionné que, selon William Casebeer, un kantien activerait la région frontale de son cerveau, un utilitariste les régions préfrontales, limbiques et sensorielles, alors qu'un aristotélicien coordonnerait l'activité de toutes les parties de son cerveau – il s'agit bien sûr d'une typologie *cum grano salis*, c'est-à-dire d'une boutade. La morale kantienne, on l'a vu, insiste sur la raison et met les émotions entre parenthèses, l'utilitarisme de Mill accorde, lui, une grande importance à la sensibilité (la capacité de souffrir et d'éprouver du plaisir), alors que l'eudémonisme aristotélicien veut intégrer raison et émotions, puisqu'un épanouissement (*eudaimonia*) authentiquement humain doit comprendre les deux. Les partisans de chacune de ces doctrines sont donc susceptibles de trouver dans l'imagerie cérébrale une confirmation de leurs propres thèses.

Faut-il conclure que ces études échouent à discriminer les théories en présence ? Ce serait faire preuve de trop de pessimisme. En effet, lorsque Casebeer termine son étude en affirmant que « la psychologie morale requise par la théorie des vertus [d'Aristote] est la plus plausible d'un point de vue neurobiologique [19] », il n'est pas simplement le jouet de ses préjugés (aristotéliciens et naturalistes) : ce qu'on a vu du rôle des émotions rend un tel jugement plausible, surtout si on ajoute que l'utilitarisme n'est pas très bon pour expliquer nos jugements dans le cas de dilemmes moraux comme celui du « wagon fou », ainsi qu'on va le voir. Certes, on pourrait objecter que cela relève de la psychologie et non de l'éthique : le fait que nous *fonctionnions* moralement d'une manière aristotélicienne n'implique pas que nous *devions* nous comporter en conséquence. Les kantiens nous enjoignent depuis toujours de lutter contre notre nature et ils sont prompts à dénoncer un sophisme ou paralogisme naturaliste chez ceux qui veulent conclure de l'être au devoir-être. La question est complexe et

---

19. W. CASEBEER, « Moral cognition and its neural constituents », *loc. cit.*, p. 206.

oppose les naturalistes en morale – comme Casebeer – et les antinaturalistes [20], mais je peux me contenter ici d'une réponse courte : si la psychologie humaine est parfois mauvaise conseillère, une éthique qui, en la court-circuitant, nous donnerait des réponses que nous jugerions *systématiquement* contraires à notre discernement (à nos intuitions) serait la négation même de l'éthique, en ce que celle-ci se doit d'être appropriée pour les êtres que nous sommes. Or c'est justement ce à quoi aboutit la mise entre parenthèses de l'affectivité.

L'étude des dilemmes moraux est, quant à elle, très intéressante. L'un de ceux qui ont été le plus examinés est celui du « wagon fou » (et de son complément, le « gros homme »). Voici la situation. Un wagon dévale une pente à vive allure, car ses freins sont hors d'usage. Plus bas sur la voie travaillent cinq ouvriers qui vont être écrasés, d'autant qu'il n'y a aucun moyen de les prévenir. Toutefois, un aiguillage permettrait de diriger le wagon sur une autre voie où un seul ouvrier travaille. Vous avez la possibilité d'actionner cet aiguillage. Le ferez-vous ? 90 % environ des personnes interrogées affirment qu'elles le feraient, puisqu'il vaut mieux qu'une seule personne meure plutôt que cinq. Changeons maintenant le scénario (le « gros homme »). Le wagon dévale la pente, mais il n'y a aucun aiguillage. Toutefois, vous vous trouvez près de la voie, accompagné d'un homme suffisamment gros pour que, si vous le poussez sur les rails, son corps arrête le wagon et l'empêche de poursuivre sa route meurtrière. Le ferez-vous ? Cette fois, 90 % environ des mêmes personnes interrogées nient qu'elles le feraient, alors même qu'ainsi une seule personne mourrait plutôt que cinq, tout comme dans le cas précédent.

Cette histoire est déroutante, car les mêmes personnes, se référant pourtant au même principe moral, disent qu'elles agiraient différemment alors que la situation paraît analogue. On a tenté d'expliquer ce changement d'attitude en invoquant des arguments d'ordre psychologique ou moral – ceux qui préfèrent déplorer l'inconséquence des jugements moraux portés par les êtres humains ont résolu le problème à leur manière. Par exemple, on a fait valoir qu'il y avait une différence entre

---

20. Je l'ai discutée ailleurs, dans mon livre *Enquête philosophique sur la dignité. Anthropologie et éthique des biotechnologies*, Labor & Fides, Genève, 2005, p. 52-64.

dévier un wagon de sa route (même si l'effet secondaire non voulu est la mort d'un autre individu) et tuer directement une personne (en la poussant sous le wagon) pour sauver cinq vies humaines. Mais on a aussi placé les personnes interrogées dans un scanner pour voir ce qui se passait lorsqu'on leur présentait le dilemme. Le résultat a été le suivant : ce ne sont pas les mêmes parties du cerveau qui sont activées dans les deux cas. Plus précisément, des expériences menées par Joshua Greene à Princeton tendent à montrer que, plus la question morale qui se pose à nous est personnelle, c'est-à-dire plus nous sommes impliqués dans ce qu'il faut faire et plus l'action envisagée est directe, plus les zones émotionnelles de notre cerveau sont actives. Or, dans le « gros homme », nous sommes bien plus impliqués personnellement et plus proches de l'action[21]. On n'est donc pas étonné d'apprendre que les personnes souffrant de lésions analogues à celles de Gage disent qu'elles n'hésiteraient pas à pousser le gros homme[22] et on n'est pas non plus surpris que les êtres humains manifestent une préférence pour les personnes qui leur sont proches, avec lesquelles elles ont des relations *personnelles*, comme on l'a vu lors de l'examen des émotions « racistes ». L'impartialité prônée par les utilitaristes en général et par Peter Singer en particulier[23] n'est donc vraiment pas l'attitude morale qui convient, puisqu'elle condamne toute préférence pour les proches.

Que tirer de ce type d'études qui, comme on le voit, ressortit à la neuroscience de l'éthique et non à l'éthique des neurosciences ? Des informations précieuses pour les progrès de notre connaissance en psychologie morale et donc, à travers elles, des leçons pour l'éthique normative (qui, ici encore, vont « incliner sans nécessiter »). En effet, si ces études ne nous disent pas ce que nous *devons* faire, mais ce qui *est*, ce qui a effectivement lieu lorsque nous prenons des décisions, ce que nous savons déjà des fonctions respectives de la raison et des émotions en morale permet d'en dériver des considérations éthiques.

---

21. *Cf.* M. GAZZANIGA, *The Ethical Brain*, *op. cit.*, p. 170, et J. COHEN, *in* President's Council on Bioethics, 15 janvier 2004.
22. A. ROSKIES, « A case study of neuroethics », p. 21.
23. *Cf. supra*, chap. 1, et P. SINGER, *Questions d'éthique pratique*, *op. cit.*

L'exemple de Peter Singer en est une bonne illustration. En tant qu'utilitariste, il doit affirmer que, puisque seule une décision qui ne met en jeu que nos pouvoirs rationnels a une valeur morale positive, la décision de la grande majorité dans le cas du « gros homme » est dépourvue de toute valeur morale. Est-ce à dire qu'il devrait recommander de pousser l'individu obèse ? C'est effectivement le cas [24], et il n'est pas le seul. Sur le site Internet de l'institut Ludwig-von-Mises [25], on pouvait lire en date du 24 août 2005 un article signé Lucretius. Examinant les mêmes dilemmes, l'auteur observait que l'émotion nous faisait rejeter le choix d'où résultait le plus grand bien-être (précipiter l'individu obèse sur la voie pour sauver cinq vies). Ce serait là l'effet du « vieux cerveau émotionnel », auquel les déontologistes s'accrocheraient – affirmation plutôt piquante pour qui a lu ne serait-ce qu'une simple introduction à la morale de Kant –, opposé au « nouveau cerveau rationnel », celui qui incarne la conception utilitariste. On voit où il veut nous mener mais, de peur peut-être de n'avoir pas été compris, il insiste, invoquant l'autorité de l'économiste Friedrich Hayek, pour affirmer que « le but de la moralité est de se débarrasser du calcul individuel » et que « c'est souvent les pulsions altruistes qui sont primitives et qui dirigent le comportement irrationnel des soi-disant progressistes ». Encore une fois, ces dilemmes posent des questions fort intéressantes d'éthique normative et de méta-éthique, mais qui ne voit que les expressions employées par Lucretius n'ont de sens que pour quelqu'un qui a déjà adopté la doctrine utilitariste, et une version plutôt simpliste de cette doctrine, adaptée à l'ultralibéralisme de l'auteur ?

De mon point de vue, après ce que j'ai soutenu sur la question de la place des émotions dans la morale et sur la valeur des relations de proximité, je dirai plutôt que la présence d'une composante émotionnelle dans la décision est le gage sinon de son caractère correct, du moins que l'agent est sur la bonne voie, qu'il mobilise ce qui doit l'être (bien sûr, cela dépend de la nature des émotions mobilisées, mais, là aussi, les neurosciences devraient nous en apprendre beaucoup). Ce n'est pas que les expériences sur les dilemmes moraux réfutent Kant et

---

24. *Cf.* N. LEVY, *Neuroethics, op. cit.*, p. 291-292.
25. Disponible sur <www.mises.org>.

certaines versions de l'utilitarisme, mais, une fois encore, elles sous-tendent des conceptions plus aristotéliciennes et humiennes de la vie morale.

S'il en va ainsi, si la neuro-imagerie ne peut nous indiquer *avec certitude* quelle est la bonne manière de raisonner et de décider moralement, c'est que la réponse à cette question implique que l'on se soit auparavant mis d'accord sur ce qui constitue un bon raisonnement ou une bonne décision morale. À proprement parler, elle ne nous dit donc pas qui, du déontologiste kantien, de l'utilitariste ou de l'eudémoniste, a raison ; elle nous montre seulement *comment* chacun fonctionne. Cela me permet encore de préciser ce que j'ai dit plus haut à propos du rôle des émotions en morale. On avait vu que les personnes qui ont le type de lésion dont souffre Gage, c'est-à-dire des lésions du lobe préfrontal ventromédian, sont incapables de prendre de *bonnes* décisions en ce qui concerne leur propre vie (le test de l'Iowa), dans le sens où ce qu'ils font va à l'encontre de leur meilleur intérêt. Mais cela n'est recevable que si l'on a déjà déterminé ce qu'est une *bonne* décision et en quoi consiste le meilleur intérêt de l'individu. Pour l'utilitarisme et l'eudémonisme, qui considèrent que le meilleur intérêt, déterminant ce qu'est une bonne décision, consiste en une certaine forme de bonheur ou d'épanouissement, la question n'est pas trop difficile : Gage prend des décisions qui font manifestement son malheur et celui des autres. Dans d'autres cas, il serait évidemment plus difficile de le dire. Mais pour un kantien ou un sectateur de la nature déchue (un croyant dans le péché originel), c'est bien moins clair, puisqu'ils ne considèrent pas que le bonheur « naturel » de l'être humain et son meilleur intérêt coïncident. La morale sexuelle très puritaine qu'ils défendent en constitue d'ailleurs un très bon exemple. Certes, dans le cas de Gage, on pourrait considérer qu'il va de soi que son comportement est moralement inapproprié puisqu'il souffre d'une *lésion* (c'est pourquoi d'ailleurs on ne lui en fera pas un reproche moral), mais ce serait une mauvaise réponse : en effet, il n'est pas exclu qu'une lésion permette de *mieux* décider (imaginons une lésion qui nous empêche de faire certaines erreurs systématiques dans le calcul des probabilités). Pour savoir donc que Gage décide moins bien après la lésion qu'avant, il faut avoir pu évaluer la qualité de ces décisions, indépendamment de son état cérébral. Bref, comme Morse l'avait déjà relevé à propos de la responsabilité, c'est encore une fois le comportement – la décision prise et ses effets – qui manifeste l'adéquation ou l'inadéquation ; le cerveau ne vient qu'ensuite, lorsqu'on cherche la cause d'un comportement qui, le plus souvent, nous a frappé comme étant inadéquat. Quand, dans le chapitre suivant, il sera question de neuroamélioration, cette remarque prendra une importance particulière.

L'affirmation de Georg Northoff, selon laquelle « l'investigation des processus psychologiques et neuraux de la prise de décision pourrait contribuer à l'établissement de critères empiriques du consentement éclairé valide [26] », doit être analysée selon le même schéma. L'étude du consentement nous montrera ce qui se passe dans notre cerveau lorsque nous « consentons validement ». À partir de ces études, on pourra effectuer une généralisation inductive, permettant de dire quelle est l'inscription cérébrale d'un consentement valide. On pourra alors imaginer, toujours selon cet auteur, soigner en conséquence les déficiences du consentement, bref ses maladies, puisqu'on saura neuralement ce qu'est un véritable consentement et donc, si nécessaire, quels circuits rétablir. Toutefois, l'importance éthique de ces découvertes ne proviendra pas en dernière analyse de ces découvertes elles-mêmes, mais du fait que l'on juge indispensable qu'un consentement soit donné et donné « validement ». Or les critères de validité et l'importance du consentement sont justement deux éléments normatifs sur lesquels la neuro-imagerie n'a rien à dire.

L'apport des neurosciences n'est donc ici encore que *second*. Mais comme je l'ai dit, cela ne l'empêche pas de nous pousser dans une certaine direction. En effet, quand on y regarde de près, on se rend compte que, dans le cas de Gage, sa lésion le fait agir contre son meilleur intérêt lorsque ce dernier est en jeu. Mais lorsqu'il ne l'est pas, lorsqu'il se contente de décider « dans l'abstrait », Gage décide correctement, ou du moins de manière moins inappropriée. C'est donc le rapport à soi qui est faussé par la lésion, si bien que cette dernière nous indique réellement que quelque chose ne va pas, que les décisions réelles qu'il prend sont bien de *mauvaises* décisions. Certes, elles sont

---

26. G. NORTHOFF, « Neuroscience of decision-making and informed consent : An investigation in neuroethics », *Journal of Medical Ethics*, n° 2, 2006, p. 70.

mauvaises au sens de l'intérêt *personnel* – de ce que les philosophes appellent classiquement la « prudence ». Cependant, comme il s'avère qu'on peut corroborer, au moyen encore de l'imagerie cérébrale, l'hypothèse que leur inadéquation résulte d'une forme de déconnexion de l'émotionnel et du rationnel, alors on a de bonnes raisons de penser que c'est tout le domaine de la rationalité qui est touché, et donc la morale aussi. En l'occurrence, c'est exactement ce qu'on observe. Ainsi, le jugement porté contre des morales de type kantien et stoïcien s'établit sur un sol plutôt sûr, et il s'étend à certaines formes d'utilitarisme : on l'a vu, confrontés au dilemme du « gros homme », les personnes souffrant d'une lésion à la Gage pousseraient la personne obèse sans hésitation, effectuant, semble-t-il, un froid calcul des conséquences. Ainsi, puisque les émotions doivent jouer un rôle en morale et puisqu'une lésion préfrontale ventromédiane est vraiment source de comportement inadéquat, alors on a probablement raison de ne pas pousser la personne obèse, et l'utilitarisme a tort sur ce point.

La neurothéologie

Si les neurosciences peuvent nous en apprendre beaucoup non seulement sur la psychologie morale, mais encore sur la normativité éthique, il paraît très intéressant de les appliquer à un domaine de l'expérience humaine qui suscite depuis des millénaires un questionnement, à savoir l'expérience religieuse. Andrew Newberg et Eugene d'Aquili ont mené récemment de telles recherches [27]. Ils ont placé des moniales franciscaines et des moines bouddhistes dans un scanner, leur ont dit de les avertir quand leur méditation contemplative portait ses fruits et ont enregistré ce qui se passait dans leur cerveau. Voici ce qu'ils ont observé : « Les scanographies font apparaître une activité inhabituelle dans une petite protubérance de matière grise, nichée au sommet de la zone arrière du cerveau [28]. » Ils ont donné à ce paquet de neurones, qui est le

---

27. *Cf.* A. NEWBERG et E. D'AQUILI, *Pourquoi « Dieu » ne disparaîtra pas*, Sully, Vannes, 2003.

28. *Ibid.*, p. 14.

cortex pariétal supérieur postérieur, le nom d'« aire associative pour l'orientation » (AAO), car c'est là l'une de ses fonctions ; une autre consiste à tracer la démarcation entre le moi et le non-moi. On comprend que l'expérience mystique la réveille.

Mais est-ce l'expérience mystique qui stimule l'AAO, ou l'activité de l'AAO qui crée l'expérience mystique ? L'argument antireligieux consiste à soutenir la seconde branche de l'alternative. On sait par exemple que « certains types d'épilepsie du lobe temporal peuvent déclencher des événements hallucinatoires spontanés qui ressemblent fortement aux expériences décrites par les mystiques[29] » ; il en aurait été ainsi de Mahomet, lorsqu'il croyait entendre l'archange Gabriel, de saint Paul sur le chemin de Damas ou de Jeanne d'Arc. Les deux auteurs contestent cette interprétation en arguant que les aspects phénoménologiques et objectifs des deux types d'expériences sont bien différents (par exemple, les crises d'épilepsie reviennent fréquemment, non les apparitions des grands mystiques). Sans vouloir entrer dans ces discussions, je pense qu'un autre argument proposé dans cet ouvrage est, au plan où je me place, plus décisif. En effet, pour nos deux auteurs : « Faire remonter l'expérience spirituelle à un comportement neurologique ne réfute en rien sa réalité. Si Dieu existe vraiment, par exemple, et s'il s'incarnait devant vos yeux, vous n'auriez pas d'autre moyen d'éprouver sa présence que de passer par une représentation neurologique de sa réalité[30]. » Ce qu'ils veulent dire, c'est que, puisque nous avons un cerveau qui médiatise toutes nos expériences, nos expériences mystiques devront s'y matérialiser, qu'elles soient authentiques ou non. Autrement dit, le fait que le cerveau fonctionne d'une façon typique lors des expériences mystiques est exactement ce à quoi on pouvait s'attendre, que ces expériences soient provoquées par une réalité surnaturelle ou par un cerveau malade. L'inscription neuronale de tous les phénomènes mentaux ne permet aucune conclusion particulière, comme il en allait d'ailleurs dans la question de libre arbitre et de la responsabilité : nos intentions sont inscrites dans nos neurones, quelle que soit l'interprétation qu'on en donne.

---

29. *Ibid.*, p. 164.
30. *Ibid.*, p. 60.

Sur la base des recherches dont je viens de faire état, Michael Persinger, l'un des chercheurs dans ce domaine, a mis au point un casque capable de générer des expériences mystiques : *the God Helmet*[31]. Nul doute qu'il y parvienne – je ne l'ai pas essayé et n'ai pas grande envie de le faire –, peut-être même au point d'en produire certaines qui ont exactement la même qualité phénoménologique que celles des nonnes et des moines étudiés par Newberg et d'Aquili. Les expériences de ceux qui coiffent ce casque sont illusoires (elles ne renvoient à aucune réalité extérieure), mais cela n'infirme pas la réalité de ce que les mystiques éprouvent, et ce toujours pour la même raison : tout ce que nous vivons se matérialise dans notre cerveau, qu'il y ait ou non un lien avec la réalité extérieure. Bien sûr, il en irait différemment si l'on pouvait montrer que *tous* les mystiques souffrent d'épilepsie ou d'un mal analogue. On doit dire la même chose pour les expériences de « décorporation » (OBE : *Out of Body Experience*). Elles sont parfois produites « artificiellement » par l'accélération des avions de chasse : les pilotes éprouvent alors une séparation de la conscience – qui « plane » – et du corps. On peut aussi les générer par stimulation électrique du cerveau[32]. Mais le caractère artificiel de ces expériences n'est en rien généralisable à d'autres, et cela même si la carte cérébrale de tous ceux qui les vivent, « naturellement » ou non, est exactement la même. Bref, si on avait pu réaliser une image du cerveau de saint Paul sur le chemin de Damas, celle-ci aurait pu être exactement la même, qu'il ait été touché par Dieu ou qu'il ait souffert d'une crise d'épilepsie temporale. Ainsi, quand Gazzaniga commente : « Si les crises peuvent causer une expérience religieuse, et que les crises sont seulement une surexcitation du tissu du cerveau, alors il est possible, et même probable, que la religiosité ait une base organique dans le cerveau fonctionnant normalement[33] », soit il énonce une vérité triviale, soit il généralise indûment. Bref, l'imagerie cérébrale n'est pas davantage en mesure de prouver

---

31. Disponible sur <www.geocities.com>. *Cf.* P. CHURCHLAND, *Brain-Wise*, MIT Press, Cambridge Mass., 2002, p. 386-387, pour les expériences de Persinger sur l'épilepsie du lobe temporal.
32. *Cf.* M. GAZZANIGA, *The Ethical Brain*, *op. cit.*, p. 161.
33. *Ibid.*, p. 158.

l'irréalité des expériences mystiques et spirituelles en général que leur réalité.

Ici encore, la neuro-imagerie est seconde, mais, une fois de plus, sans être décisive, elle « incline » tout de même. Non contre l'hypothèse de l'existence d'un dieu, qui est définitivement non testable, mais contre certaines croyances qui admettent une séparation de l'âme et du corps, à la manière de Platon ou de Descartes. C'est facile à comprendre. S'il existait quelque part en nous une entité mentale de nature spirituelle, elle devrait pouvoir se manifester *sans* éveiller de corrélat cérébral. Par exemple, l'expérience mystique pourrait se cantonner au « réduit secret de l'âme ». Mais ce n'est pas ce que montrent les expériences jusqu'à présent ; il semble bien qu'il n'existe pas d'événement mental sans corrélat cérébral : les deux sont interconnectés, ce que soulignent les effets psychologiques souvent très surprenants des lésions cérébrales [34]. Mais comment le mental et le cérébral sont-ils interconnectés ?

Ici, on aborde l'épineuse question connue dans la philosophie classique comme celle des rapports de l'âme et du corps. La clôture physique du monde dont j'ai parlé plus haut milite contre l'action d'une entité de nature spirituelle sur le corps ou sur l'une de ses parties, car cette action violerait la clôture. Dès lors, on se voit poussé vers une doctrine de l'identité ou de la survenance. Selon la première, les états mentaux et les états cérébraux sont identiques, alors que, pour la seconde, les états mentaux surviennent par rapport aux états cérébraux. La survenance est une relation de dépendance asymétrique (A survient par rapport à B si et seulement si A change, alors il est nécessaire que B change, et si B change, alors il n'est pas nécessaire que A change). Dans les deux cas (identité et survenance), Jaegwon Kim l'a montré, les événements mentaux n'ont aucune efficacité causale, tout se joue au niveau cérébral : « Les relations causales M-à-M* et M-à-C* sont seulement apparentes, surgissant d'un processus causal authentique de C à C* [35] », où M remplace « mental » et C « cérébral ». En effet, si l'événement cérébral (C), corrélat d'une pensée (M), cause l'événement cérébral subséquent (C*), correspondant à la pensée

---

34. *Cf.* N. Levy, *Neuroethics, op. cit.*, p. 12-17.
35. J. Kim, *Mind in a Physical World*, MIT Press, Londres, 1998, p. 45.

subséquente (M*), la première pensée n'a plus rien à causer : elle est causalement inerte.

Le raisonnement de Kim est assez abstrait, mais la figure ci-dessous devrait l'éclairer. Un premier événement cérébral (C) est accompagné d'un premier événement mental (M), par exemple une pensée. Celle-ci engendre alors, disons par association, une seconde pensée (M*), accompagnée d'un second événement cérébral (C*). La personne a réellement l'impression que la première pensée (M) a causé l'apparition de la seconde (M*), et donc l'événement cérébral correspondant (C*). Mais c'est une illusion, car tout se passe en réalité au niveau cérébral (c'est pourquoi les flèches qui partent de M sont en pointillés) ; les seules relations réelles sont celles qui sont représentées par des flèches pleines : soit causalité (entre C et C*), soit survenance ou identité.

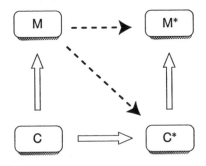

Dès lors, la question posée au début de cette section – est-ce l'expérience mystique qui stimule l'AAO, ou l'activité de l'AAO qui crée l'expérience mystique ? – trouve une réponse aisée : soit l'expérience mystique n'est rien d'autre qu'un événement mental survenant, dont toute la réalité causale est constituée par les événements neuronaux sous-jacents, cibles de l'(hypothétique) action divine ; soit l'expérience mystique est identique à l'activité de l'AAO – il s'agit d'un seul et même événement, comprenant deux aspects. C'est pourquoi demander lequel précède ou cause l'autre n'a aucun sens.

Il faut bien comprendre la portée de cette thèse. Elle ne revient nullement à nier l'influence de l'environnement sur l'esprit – elle a lieu *via* le cerveau –, ni à disconvenir que la direction de la causalité entre le cérébral et le mental n'est pas toujours claire : est-ce le stress psychique qui est à la source de l'anomalie cérébrale structurelle ou cette dernière qui cause ce stress continuel ? Cela peut paraître paradoxal, mais le paradoxe se dissipe dès que l'on reformule soigneusement la relation : dire que le stress psychique (M) est à la source d'une anomalie cérébrale (C*) signifie que l'inscription cérébrale du stress (C) est la cause de l'anomalie (C*). Et dire que l'on ne sait pas dans quelle direction la causalité opère signifie simplement qu'on ne sait pas si C est la cause de C* ou si C* est la cause de C.

Ainsi, ce que Kim affirme, c'est que les états mentaux sont toujours corrélés à des événements cérébraux et que seuls ces derniers sont causalement efficaces. Il s'ensuit que, lorsque le stress, par exemple, cause un événement cérébral ou même physique (une sécheresse buccale), il le fait nécessairement par l'intermédiaire d'événements cérébraux par rapport auxquels il survient ou auxquels il est identique. Aussi, lorsqu'on hésite sur la direction de la causalité, on hésite sur la question de savoir si c'est l'événement cérébral C qui a causé l'événement cérébral C*, ou le contraire. C'est un point que Walter Glannon n'a pas saisi, quand il reproche à la doctrine de la survenance de ne pas pouvoir rendre compte du double sens de l'interaction entre le mental et le cérébral [36].

Est-ce du réductionnisme ? Pour beaucoup, ce terme résonne comme une sorte d'anathème philosophique, caractérisant une théorie qui ne peut être qu'évidemment fausse. Mais il faut distinguer : si les thèses de l'identité et de la survenance peuvent s'accommoder d'un réductionnisme ontologique (il n'existe dans l'univers que des corpuscules en mouvement, pour parler comme au XVIIᵉ siècle), elles ne l'impliquent pas. Par ailleurs, elles n'engagent en aucun cas un réductionnisme épistémologique qui considère que toutes les sciences, naturelles comme humaines ou sociales, pourraient être avantageusement remplacées par la physique. Certains auteurs, comme Patricia Churchland, envisagent toutefois la possibilité d'une forme assez extrême de réductionnisme (l'éliminativisme) pour

---

36. *Cf.* W. GLANNON, *Bioethics and the Brain, op. cit.*, p. 26.

certaines doctrines, dont précisément la psychologie populaire – *folk psychology*[37]. J'y reviendrai.

Il faut encore préciser que, si le mental peut être réduit au cérébral (au sens qu'il lui est identique ou qu'il survient par rapport à lui), cela n'implique pas qu'on puisse énoncer des lois qui permettent de prédire, à partir de tel état cérébral, que tel état mental s'ensuivra. La réduction dit simplement que chaque état mental *particulier* est corrélé à un état cérébral *particulier*, non que tel *type* d'état mental est matérialisé dans tel *type* d'état cérébral. Il se pourrait même que la plasticité du cerveau interdise dans bien des cas de passer du *particulier* au *type*, par exemple parce que la variabilité est trop forte d'un individu à un autre, ou même parce que, chez un seul individu, la matérialisation de tel état mental change dans le temps.

Ainsi, en définitive et paradoxalement, la neurothéologie s'accorde très bien avec une conception matérialiste de l'être humain, selon laquelle celui-ci est constitué d'une seule substance, son corps, et cela sans qu'il faille affirmer que l'expérience religieuse est fausse ou illusoire. Dieu existe peut-être et se manifeste peut-être à nous – d'aucuns considèrent avoir fait l'expérience de sa présence –, mais la raison naturelle nous dit que, puisque le corps est notre seule voie d'accès aux phénomènes, il faut profiter de notre relation avec le divin ici-bas, car ce ne sera plus possible dans l'au-delà.

L'interprétation de l'imagerie cérébrale

L'imagerie cérébrale a donc un impact métaphysique non négligeable : elle incline, certes « sans nécessiter », l'anthropologie philosophique dans le sens d'un naturalisme dont le déterminisme et le matérialisme sont deux pièces centrales. Mais peut-on vraiment accorder un tel crédit aux neurosciences ? Entre ce que « montre » l'imagerie cérébrale et ce qu'en déduisent les chercheurs, quelle est la part de l'interprétation ? Faut-il dès lors adhérer à ce slogan qui martèle que nous sommes notre cerveau et que les neurosciences, en nous permettant de savoir

---

37. *Cf.* P. CHURCHLAND, *Neurophilosophy, op. cit.*, chap. 7 et p. 396, ainsi que *Brain-Wise, op. cit.*, p. 20-30.

ce qui s'y passe, nous livreraient le secret de notre vie mentale, de notre identité personnelle et de la nature humaine ?

Quand on y réfléchit, le doute affleure. De fait, on n'observe pas les événements mentaux dans le cerveau, ni même l'activité neuronale en tant que telle, mais des phénomènes tels que le débit du flux sanguin, l'activité métabolique tissulaire ou l'orientation des atomes d'hydrogène. Et même pas directement : ce qu'on voit, ce sont des taches de couleur sur un écran, transcription visuelle d'une élaboration mathématique de données statistiques dont la récolte prend du temps (jusqu'à quelques secondes) et dont la résolution spatiale est plus ou moins fine [38]. Quant aux images que les magazines reproduisent, il ne s'agit pas de cerveaux réels, mais de cerveaux « moyens », résultant d'une multitude de mesures sur plusieurs cerveaux, dont aucun n'a exactement réagi comme les autres. Plus précisément, il y a deux *sauts* dans l'élaboration des données récoltées : le passage de la mesure à l'image du cerveau qui s'allume çà et là, et le passage de l'image à sa description en termes psychologiques [39]. Si le premier n'est pas aisé et présente les difficultés que je viens de souligner, le second est encore plus périlleux, surtout lorsqu'il s'agit d'étudier des fonctions mentales complexes et sophistiquées, et non de simples décisions motrices ou des perceptions d'images simples (comme un visage et une maison). C'est ce dernier passage qui m'occupe ici – on se souvient que, dans le chapitre 1, je l'avais considéré comme acquis, me limitant à l'étude d'un niveau ultérieur d'interprétation, celui du psychologique au moral –, et il pose au moins trois problèmes conceptuels, pour ne rien dire du côté artificiel de l'imagerie, car être allongé dans un scanner et répondre à des questions protocolées ne sont pas forcément transposables dans la vie réelle (rappelons-nous le cas des détecteurs de mensonge dans le domaine juridique).

D'abord, ce qu'on observe, ce sont les *corrélats* neuronaux des états psychologiques, et non leur *cause*. Certes, on sait que ces corrélats sont aussi des causes, mais la nature exacte de cette

---

38. *Cf.* T. CANLY *et al.*, « Neuroethics and national security », *loc. cit.*, p. 4, et S. ACKERMAN, *Hard Science, Hard Choices, op. cit.*, chap. 4.
39. *Cf.* J. ILLES, É. RACINE et M. KIRSCHEN, « A picture is worth 1 000 words, but which 1 000 ? », *loc. cit.*

relation de causalité n'est pas une donnée de l'observation : il faut des théories pour l'établir, et il n'est pas aisé de les formuler. En effet, il n'est pas certain que les états neuronaux covarient régulièrement avec les états psychologiques, à la fois d'une personne à l'autre, et chez le même individu à des moments différents. Quand deux personnes pensent à la même chose, il se peut très bien qu'elles n'activent pas les mêmes neurones, voire les mêmes zones, étant donné leur histoire individuelle et la plasticité cérébrale. Il en va de même pour la même personne, à deux moments différents de sa vie [40]. Toutefois, les différences ne doivent pas non plus être exagérées, et le fait qu'un organe aussi complexe soit structuré de manière suffisamment semblable d'un individu à l'autre pour se prêter à l'étude de son fonctionnement a de quoi susciter l'émerveillement.

Ensuite, il y a un problème de circularité. Comme on l'a vu à propos de la neurothéologie, la direction de la causalité entre le cérébral et le mental n'est pas un problème puisque le mental survient par rapport au cérébral ou lui est identique. Mais il n'en reste pas moins, pour parler communément, qu'il y a une action réciproque entre le neuronal et le mental : si le câblage cérébral cause des phénomènes mentaux, ces derniers ont aussi un impact sur le câblage. Par exemple, Robert Martensen rapporte cette opinion d'un psychiatre féru de neurosciences : « La valorisation croissante de la cupidité et du vouloir-plus que l'on observe aux États-Unis depuis les années 1980 est en train de déranger l'équilibre neurochimique du cerveau et, par là, de causer une augmentation de l'anxiété, de la dépression et des manies [41]. » Bref, ce que livre le scanner, ce n'est pas l'image d'une nature (cérébrale) vierge, mais celle du système nerveux central d'individus qui vivent dans certains contextes sociaux, lesquels ont un impact sur ce qu'ils sont.

Enfin, à la lecture des traités de neuropsychologie et de neurosciences à prétention philosophique, on a souvent l'impression, justifiée, que leurs auteurs adoptent de manière naïve et non critique une certaine psychologie de sens commun et qu'ils

---

40. *Cf.* N. LEVY, *Neuroethics, op. cit.*, p. 140-141. L'étude de l'effet des lésions cérébrales avait déjà rencontré le même type de problème, *cf.* P. CHURCHLAND, *Neurophilosophy, op. cit.*, p. 164-165.
41. R. MARTENSEN, « Bioethics on the brain », *Medical Humanities Review*, n° 1-2, 2004, p. 35.

recherchent ensuite dans le cerveau (c'est-à-dire sur les images) ce qui y correspond, se condamnant ainsi à ne découvrir que les matérialisations des catégories psychologiques qu'ils ont découpées par avance. Déjà du temps de la phrénologie, Maine de Biran avait fait observer : « Tout physiologiste, qui prétend diviser ou analyser organiquement des facultés de l'intelligence humaine, fait une excursion sur le terrain de la métaphysique [= la psychologie des facultés] : il prend là nécessairement ses données, ses premières bases de division, et son point d'appui[42]. »

Comme le souligne Maine de Biran, cette démarche est en un sens obligée : pour interpréter les données de l'imagerie, il faut déjà avoir une théorie de ce qu'est l'esprit et, si l'on y cherche des facultés, une théorie des facultés. En parlant de méfiance plutôt que de haine pour caractériser la signification du mouvement de l'amygdale, j'avais déjà procédé ainsi. Martha Farah l'exprime à sa façon lorsqu'elle relève que « de nombreuses études récentes de neuro-imagerie ont cherché les corrélats des dimensions de la personnalité mis en lumière par les *théories classiques* de la personnalité normale, telles que l'extraversion et l'introversion[43] », de même que William Casebeer, pour qui les difficultés que nous rencontrons actuellement pour comprendre la base neuronale de la cognition morale viennent notamment de ce que nous ne disposons pas d'un cadre théorique adéquat pour la comprendre[44].

Que la conception de l'esprit sur laquelle on s'appuie soit, au départ, celle du sens commun, pétri d'introspection, est par ailleurs inévitable. Pierre Jacob le souligne lorsqu'il affirme que cette psychologie de sens commun n'est pas seulement une construction culturelle : nous ne sommes pas davantage en mesure de l'ignorer que de ne pas voir les objets qui nous entourent lorsqu'on a les yeux ouverts[45]. En ce sens, on n'est pas libre de se concevoir comme déterminé, au sens du déterminisme physique, étant donné l'expérience que nous faisons de notre action. Par là, la psychologie de sens commun nous offre

---

42. MAINE DE BIRAN, *Discours à la Société médicale de Bergerac*, in *Œuvres*, t. V, Vrin, Paris, 1984, p. 48.

43. M. FARAH, « Emerging ethical issues in neuroscience », *in* W. GLANNON, *Defining Right and Wrong in Brain Science*, *op. cit.*, p. 29 (je souligne).

44. *Cf.* W. CASEBEER, « Moral cognition and its neural constituents », *loc. cit.*, p. 214.

45. *Cf.* P. JACOB, *L'Intentionnalité*, *op. cit.*, p. 14.

des catégories pour penser et des distinctions à partir desquelles nous pouvons exercer notre réflexion, tant morale que scientifique [46]. Souvenons-nous du roman de Zweig dont il a été question plus haut : on ne peut chercher le siège cérébral de la pitié et celui de la compassion que si on a déjà distingué ces deux émotions, par l'introspection et par l'observation du comportement et de ses effets. Que se passerait-il si l'on observait expérimentalement que les mêmes zones cérébrales s'activent lorsque nous éprouvons l'une ou l'autre de ces deux émotions ? Changerait-on notre doctrine psychologique spontanée et dirait-on que ceux qui ont tracé une telle distinction l'ont inventée de toutes pièces ? Sans doute que non ; on estimerait très probablement que les sujets de l'expérience sont en fait incapables d'éprouver vraiment ces deux émotions, et qu'ils les confondent. N'est-ce d'ailleurs pas une des leçons du roman que la pitié tend à évincer la compassion et à tout envahir ? Bref, on ne saurait exclure que certains êtres humains – et peut-être même la majorité – soient (devenus) incapables d'éprouver certaines émotions, par exemple parce qu'ils n'ont pas été exposés aux situations qui les font naître aux moments opportuns de leur formation, ou qu'ils vivent dans une culture qui ne les cultive pas, voire qui les réprime efficacement.

Cette psychologie de sens commun est-elle alors inaltérable, et sommes-nous condamnés à la perpétuer ? Non, car si elle est le socle sur lequel nous bâtissons nos théories, elle n'est pas immunisée contre la critique, qui peut et doit se développer au fur et à mesure que nos connaissances scientifiques progressent. Et il existe déjà des cas où nos conceptions ont changé du fait des connaissances apportées par l'imagerie, par exemple en ce qui concerne le phénomène de l'attention sélective, c'est-à-dire l'attention à l'un des éléments de la situation dans laquelle l'on se trouve, étudiée par Michael Posner [47]. Bien sûr, cette critique

---

46. Même CHURCHLAND en convient, bien que ce soit pour une autre raison : il faut bien partir de ce que l'on a, c'est-à-dire de la psychologie populaire ; mais pour elle – et ici elle suit Quine –, le sens commun n'a aucun privilège : il est de la nature des hypothèses, comme tout ensemble de propositions. *Cf.* P. CHURCHLAND, *Neurophilosophy*, *op. cit.*, p. 149 et 264.

47. Ce dernier a en effet montré qu'il existait plusieurs types d'attention, implantés dans des mécanismes cérébraux différents, notamment une attention explicite et une attention implicite, nous obligeant pas là à modifier notre concept d'attention. *Cf.* R. D. WRIGHT et L. M. WARD, *Orienting of Attention*, Oxford University Press, New York, 2008.

n'est pas aisée, étant donné le caractère présupposé de cette psychologie et son recours au point de vue subjectif, dont il est si difficile de se départir dès que l'on sort du laboratoire. Mais elle ne s'y réduit pas et contient encore des théories protoscientifiques, fruit de la réflexion psychologique et philosophique des siècles passés, à leur manière testables et réfutables. Ce caractère bigarré de la psychologie du sens commun est d'ailleurs une autre source de difficulté, en ce sens qu'il arrive aux neurosciences de croire s'y appuyer, alors qu'elles lui substituent une construction théorique aussi bancale que non critiquée. C'est ce qu'ont mis en évidence Max R. Bennett et Peter M. S. Hacker.

Le sophisme méréologique

Ces deux auteurs, un neurobiologiste et un philosophe, ont fortement critiqué sinon les neurosciences, du moins les interprétations outrées et donc fautives selon eux que nous faisons de leurs résultats. Examinant les fondements philosophiques de ces nouvelles disciplines, ils soutiennent que leur pratique actuelle repose sur une base conceptuelle inadéquate et erronée. Que faut-il entendre par là ? On connaît le titre de l'ouvrage de Damasio : *L'Erreur de Descartes* ; d'après nos auteurs, Damasio et ses confrères ne se rendent pas compte que, en rejetant le dualisme cartésien au profit d'une conception matérialiste de l'esprit, ils en conservent les soubassements métaphysiques, puisqu'ils se contentent de remplacer l'esprit par le cerveau : ce n'est pas l'esprit qui pense, se souvient, réfléchit et décide, mais le cerveau. Par là, les neurobiologistes actuels – et les philosophes qui les accompagnent, tels Searle et Dennett – rejettent effectivement le dualisme de leurs prédécesseurs, comme Libet et Eccles, mais ils en conservent l'esprit, ce qui se traduit par ce que nos deux auteurs appellent le « sophisme méréologique ».

Ce sophisme consiste à attribuer aux parties les propriétés du tout. Au lieu de dire que l'être humain pense, se souvient, réfléchit et décide, les neurobiologistes affirment que c'est le cerveau qui le fait. Sur ce point, ils adoptent d'ailleurs une attitude commune : tout le monde a tendance à attribuer les capacités mentales de la personne à une partie du cerveau, voire au cerveau lui-même. Le plus souvent, ce raccourci est sans conséquence : on s'exprime de manière un peu lâche ou approximative, par exemple lorsqu'on dit « le cerveau pense », ce qui n'est qu'une forme de métonymie. Mais cela change dès qu'on prétend faire œuvre scientifique ou philosophique. Il s'agit alors d'une erreur, reflet inversé du sophisme que commettaient les cartésiens – y compris les empiristes anglais comme Locke et Boyle –, pour qui c'est l'esprit ou l'âme qui est responsable de la pensée et le sujet d'inhérence des propriétés mentales. Mais, objectent Bennett et Hacker, observer une personne qui regarde quelque chose, ce n'est pas observer un esprit ou un cerveau qui regarde quelque chose.

Les confusions conceptuelles engendrées par la métaphysique paracartésienne adoptée par les neurosciences ont encore des effets néfastes sur la pratique scientifique elle-même, en ce qu'elles empêchent parfois de poser les bonnes questions et de comprendre le résultat des expériences. L'exemple de celles de Libet est paradigmatique de ce point : elles tendraient à montrer que le mouvement volontaire est initié par le cerveau indépendamment de tout acte conscient de volition – les neurones concernés, on l'a vu, entrent en activité environ 300 millisecondes avant que la personne ne prenne conscience de son intention d'agir. Libet estime l'avoir prouvé, mais nos deux auteurs pensent plutôt que Libet *croit* l'avoir prouvé, et à tort, car, comme ils le relèvent, ces expériences reposent sur une notion inadéquate de l'action volontaire. En effet, pour Libet, une action volontaire est toujours précédée d'une décision ou d'une intention, mais c'est faux : « Quand quelqu'un se meut volontairement – par exemple en saisissant un stylo pour écrire une note ou en se levant pour répondre à la porte –, il ne ressent aucune pulsion, désir ou intention, et ce n'est pas parce qu'il n'en a pas conscience [48] ! » D'ailleurs, un mouvement causé par une pulsion ou par un désir ressenti *n*'est justement *pas* une action volontaire. Il n'y a donc pas de décision inconsciente du cerveau qui précède la conscience, et si Libet le croit, c'est simplement qu'il entretient des idées fausses sur ce qu'est

---

48. M. R. BENNETT et P. M. S. HACKER, *Philosophical Foundations of Neuroscience*, Blackwell, Oxford, 2003, p. 229.

un mouvement volontaire, les mêmes justement que Descartes développait et qui sont passées dans la psychologie de sens commun (du moins celle des neurobiologistes). Cette erreur sur ce qu'est un mouvement volontaire n'est d'ailleurs pas sans rappeler la conception que se font du mensonge les fabricants de détecteurs.

Historiquement, la critique paraît judicieuse. Cabanis et les scientifiques matérialistes de son époque ont effectivement fait exactement ce que Bennett et Hacker disent que Searle et Dennett ont fait : remplacer l'âme par le cerveau [49]. Le passage suivant du médecin révolutionnaire français est éclairant sur ce point :

> Nous ne sommes pas sans doute réduits encore à prouver que la sensibilité physique est la source de toutes les idées et de toutes les habitudes qui constituent l'existence morale de l'homme : Locke, Bonnet, Condillac, Helvétius ont porté cette vérité jusqu'au dernier degré de la démonstration. Parmi les personnes instruites et qui font quelque usage de leur raison, il n'en est maintenant aucune qui puisse élever le moindre doute à cet égard. D'un autre côté, les physiologistes ont prouvé que tous les mouvements vitaux sont le produit des impressions reçues par les parties sensibles : et ces deux résultats fondamentaux, rapprochés dans un examen réfléchi, ne forment qu'une seule et même vérité [50].

La pensée est le produit physique de mouvements physiques, et tout le monde en convient, affirme notre médecin-philosophe. C'est pourtant faux : Locke, Bonnet et Condillac sont des dualistes, ils admettent à la suite de Descartes que c'est l'âme qui pense en l'être humain. Cabanis l'a simplement et effectivement remplacée par le cerveau : la sensibilité physique s'est substituée à la sensation mentale, et il peut hardiment dire :

> Pour se faire une idée juste des opérations dont résulte la pensée, il faut considérer le cerveau comme un organe particulier, destiné spécialement à la produire ; de même que l'estomac et les intestins à

---

49. On peut partiellement contester l'accusation pour Dennett, car il accorde un soin particulier à dénoncer l'importation en neurosciences de tout élément cartésien, comme l'atteste sa critique du sophisme de l'homoncule et du théâtre cartésien ; *cf.* D. C. DENNETT, *La Conscience expliquée*, Odile Jacob, Paris, 1993, chap. 4, notamment p. 141, où il s'élève contre la tendance des neurobiologistes et philosophes de l'esprit à recycler la glande pinéale.

50. P.-J.-G. CABANIS, *Rapports du physique et du moral de l'homme*, *op. cit.*, p. 103.

opérer la digestion, le foie à filtrer la bile, les parotides et les glandes maxillaires et sublinguales à préparer les sucs salivaires. Les impressions, en arrivant au cerveau, le font entrer en activité ; comme les aliments, en tombant dans l'estomac, l'excitent à la sécrétion plus abondante du suc gastrique et aux mouvements qui favorisent leur propre dissolution [...] Nous concluons avec la même certitude que le cerveau digère en quelque sorte les impressions ; qu'il fait organiquement la sécrétion de la pensée [51].

La dernière phrase sera reprise par Karl Vogt et par Charles Darwin. Or, si c'est bien cela la métaphysique des neurosciences, personne ne sera étonné de la voir incliner vers le matérialisme et le déterminisme, deux positions soutenues justement par Cabanis, Vogt et Darwin !

Soit, mais pourquoi Cabanis, Searle et Dennett n'auraient-ils pas raison ? La critique de Bennett et Hacker elle non plus ne tombe pas du ciel : elle présuppose une approche particulière, tirée en l'occurrence du philosophe Ludwig Wittgenstein et de l'importance que celui-ci accordait au langage ordinaire, dont les deux auteurs tentent de justifier le caractère fondateur pour toutes les pratiques humaines, y compris la science. Il est clair qu'il m'est impossible ici de comparer les mérites respectifs des deux approches et d'examiner les différentes manières de comprendre l'articulation du langage ordinaire et des théories scientifiques, ce que nos deux auteurs font longuement dans leur ouvrage (examen que, bien entendu, ils concluent en leur faveur). Je dirai simplement ceci : si l'on admet que l'être humain a un accès cognitif à la réalité qui n'est pas d'ordre intuitif, mais qui se construit lentement, par l'élaboration de théories qu'il teste pas à pas, et que ces théories peuvent parler sensément non seulement du monde extérieur mais de l'être humain lui-même, et si par ailleurs on estime qu'il n'existe pas d'autre accès cognitif qui permette d'élaborer une conception vraie de la réalité, alors la *méthode* des Cabanis, Searle et Dennett s'impose. Quant au *contenu* des théories qu'ils proposent, c'est bien entendu une autre question, et ici les objections de Bennett et Hacker touchent parfois juste.

De manière générale, ils ont d'abord raison de dire que, en toute rigueur, attribuer la pensée et les états mentaux au cerveau

---

51. *Ibid.*, p. 137-138.

est faux. Ce dernier joue un rôle crucial pour ce que nous sommes et pour notre identité, mais il n'est qu'une des parties nécessaires au fonctionnement du tout. Ce que certains ont appelé « métaphysique neuronale » (sur le modèle de l'expression « métaphysique génomique », proposée dans le contexte de la génétique par Alex Mauron) et d'autres « neuro-essentialisme » ne sont pas des conceptions correctes : nous, en tant que personnes, ne sommes pas identiques à notre cerveau, ce qui bien sûr n'est pas un argument contre le matérialisme ou le déterminisme, mais contre certaines versions naïves et peu affinées de ces positions.

Sur un point plus particulier, il faut ensuite leur concéder que s'il est vrai que Libet a bien mesuré quelque chose, ce n'est pas ce que nous appelons habituellement mouvement volontaire. Toutefois, *ce que nous appelons habituellement X ou Y* n'est pas non plus vérité d'évangile ; il s'agit du résultat d'expériences passées qui se sont sédimentées dans une psychologie « spontanée », conceptuellement lâche, en partie révisable par les développements des sciences, mais qui constituent le socle à partir duquel nous bâtissons nos théories. C'est pourquoi il est important de ne pas s'en éloigner trop brutalement. Notre capacité de nous en défaire est probablement bien plus limitée que ce que Patricia Churchland estime, elle qui voudrait remplacer la psychologie populaire par une psychologie scientifique. D'où la fameuse boutade des années 1970 : au lieu de dire à ma dulcinée « Je t'aime ! », il faudrait lui dire : « Tu excites mes fibres *X* » – pour la réussite de l'entreprise, mieux vaut qu'elle ait également assimilé la psychologie scientifique avant que je ne la rencontre ! Cette boutade est amusante, même si elle ne rend pas vraiment justice à la position – plus nuancée – de Churchland [52].

Si notre capacité de nous éloigner de la psychologie ordinaire est limitée, c'est, comme on l'a vu, qu'elle est en partie construite à partir du point de vue subjectif de l'introspection ; or, ainsi que Searle l'a souligné, c'est un point de vue qui ne connaît pas la différence entre apparence et réalité, qui est donc *subjectivement* très difficilement corrigible, à l'instar de la perception sensible ou des différentes illusions et hallucinations

---

52. *Cf.* P. CHURCHLAND, *Brain-Wise*, *op. cit.*, p. 30.

produites par les lésions cérébrales. Certaines d'entre elles entraînent une cécité qui n'est pas reconnue par les patients : ils nient qu'ils sont aveugles[53] ; bien qu'ils se trompent, leur conviction est incorrigible en ce sens que, lorsqu'ils croient qu'ils voient, ils ne peuvent se tromper sur le fait qu'ils croient voir. Ce phénomène n'est pas sans rappeler l'illusion de Lyer-Müller : le fait que l'on sache que les deux lignes sont de même longueur ne nous empêche pas de les voir de longueur différente. Ce sont là des faits aussi « physiques » que n'importe quels autres, contrairement à ce que prétend Churchland, pour qui l'affirmation que les *qualia* – c'est-à-dire les choses telles qu'elles nous apparaissent subjectivement dans l'expérience sensible – « sont par définition ces choses dont l'apparence est la réalité » n'est qu'un tour de passe-passe définitionnel qui ne vaut pas mieux que l'affirmation « les atomes sont par définition ces choses qui ne peuvent être divisées » – affirmation depuis longtemps démentie par la science[54].

---

53. *Cf.* P. CHURCHLAND, *Neurophilosophy*, *op. cit.*, p. 228-229.
54. P. CHURCHLAND, *Brain-Wise*, *op. cit.*, p. 191.

4

Les médicaments du cerveau
et la neuroamélioration

Le bonheur sur prescription

Nick Bostrom est professeur au département de philosophie de l'université d'Oxford. C'est aussi un « prophète » du *transhumanisme*. De quoi s'agit-il ? D'un nouvel avatar du postmodernisme ? Peut-être, mais pas dans le sens courant du terme. Voici comment Bostrom le présente :

> Au cours des dernières années, un nouveau paradigme concernant l'avenir de l'humanité a commencé à prendre forme chez les chefs de file du progrès scientifique tels les concepteurs d'ordinateurs, les neurobiologistes, les nanotechnologistes et les chercheurs à l'avant-garde du développement technologique. Le nouveau paradigme rejette une présomption cruciale implicite autant dans la futurologie traditionnelle que pratiquement dans toutes les pensées politiques. Cette assertion veut que la condition humaine soit une « constante » de base. Les processus d'aujourd'hui peuvent être raffinés, la richesse peut augmenter et être redistribuée, les outils peuvent se développer et s'améliorer, la culture peut changer et même de manière drastique, mais la nature humaine en soi ne peut être remise en cause [1].

En deux mots : alors que nous avons pensé depuis l'aube des temps que la condition ou la nature humaine était immuable,

---

1. N. BOSTROM, <www.transhumanism.org>.

qu'elle marquait les limites de toute action possible, Bostrom estime que c'était une erreur et que les sciences actuelles vont bientôt nous permettre d'agir sur les fondements mêmes de notre espèce, bref, non seulement d'aménager la nature humaine, mais de la transformer ou plutôt, de la dépasser : « Le "transhumanisme" [...] met au défi la prémisse suivante : la nature humaine est et devrait rester essentiellement inaltérable. » Bien sûr, par le passé, certains avaient déjà pensé souhaitable et même nécessaire de changer l'être humain, tel Jean-Jacques Rousseau affirmant : « Celui qui ose entreprendre d'instituer un peuple doit se sentir en état de changer, pour ainsi dire, la nature humaine[2] », mais leur ambition était restée un vœu pie, et les quelques passages à l'acte en politique nous donnent encore froid dans le dos. Maintenant, cela devrait changer, grâce aux sciences que Bostrom a mentionnées : informatique, nanotechnologies et neurosciences. À quoi il faut encore ajouter le génie génétique, comme Jonathan Glover le pensait[3], estimant lui aussi que nous devrions nous changer, mais plus dans un souci d'adaptation à une société qui réclame des qualités autres que celles que la nature nous a patiemment allouées que dans un esprit quasi démiurgique.

Limitons-nous aux neurosciences. Que nous promettent-elles, selon les transhumanistes ? Notamment ceci : « Un bien-être émotionnel tout au long de notre vie grâce à un ajustement des centres du plaisir. » Comment cela ?

> Même aujourd'hui, des variantes mineures d'une euphorie soutenue sont possibles pour une minorité de gens qui répondent bien aux modificateurs de l'humeur (les « antidépresseurs »). Les médicaments en cours de développement nous promettent de donner à un nombre croissant d'individus le choix de modifier radicalement l'incidence des émotions négatives dans leurs vies, et les effets secondaires de ces nouveaux produits seront négligeables. Jusqu'ici, les drogues de rue ont toujours amené leur lot de misère sur la neurochimie du cerveau, produisant des états d'excitation (le *high*) suivis d'un état dépressif (le *down*). Les médicaments cliniques stimuleront avec une grande précision un neurotransmetteur donné ou un sous-type de récepteur, évitant par le fait même tout effet négatif

---

2. J.-J. ROUSSEAU, *Du contrat social*, in *Œuvres complètes*, t. IV, Gallimard, « Pléiade », Paris, 1964, p. 381.
   3. *Cf. supra*, chap. 1, et J. GLOVER, *What Sort of People Should There Be ?*, *op. cit.*

sur les facultés cognitives du sujet qui ne se sentira pas drogué, et permettra une amélioration de l'humeur d'une manière indéfiniment constante et sans aucune dépendance. David Pearce prévoit une ère postdarwinienne au cours de laquelle toutes les expériences déplaisantes seront remplacées par différents niveaux de bien-être se situant bien au-delà des frontières de l'expérience humaine normale. [...] L'ingénierie d'un « paradis » de l'esprit deviendra une possibilité réalisable.

Deux choses frappent dans ce passage : les nouveaux médicaments du cerveau devraient procurer les sensations des « drogues de rue », les effets indésirables en moins – ils ont donc la même vocation : produire un bien-être constant, le « paradis de l'esprit », permettre aux individus de se sentir vraiment « mieux que bien », pour reprendre une expression souvent employée, qui a même servi de titre au livre de Carl Elliott consacré au méliorisme, *Better than Well*. Les « drogues de rue » sont un échec, car l'addiction qu'elles entraînent généralement est incompatible avec le bonheur : si au début le toxicomane recherche et trouve le bien-être, par la suite, sa quête vise uniquement à combler ou à masquer le manque qui revient le visiter à heures régulières. L'objectif du transhumanisme ne rejoint-il pas celui qu'affiche l'Organisation mondiale de la santé (OMS) dans la foulée de sa fameuse définition ? : « La santé est un état de complet bien-être physique, mental et social, et ne consiste pas seulement en une absence de maladie ou d'infirmité [4]. » De l'OMS au transhumanisme, y aurait-il continuité ? Le paradis de l'esprit est-il désirable au même titre et dans le même sens que la santé ? Les médecins vont-ils bientôt prescrire la pilule du bonheur (ou insérer des implants du bonheur dans notre cerveau, que nous pourrons activer à volonté) ? Pourquoi pas, si ce n'est là rien d'autre qu'une contribution d'importance à la santé humaine ? Si l'on suit cette ligne de pensée, on conclura que l'amélioration de l'être humain par les « médicaments du cerveau » est un devoir moral au même titre que le bien-être de l'humanité. À moins que les moyens choisis ne soient pas judicieux ? Voilà certaines des questions, source de perplexité, auxquelles je vais tenter de répondre.

---

4. Préambule à la Constitution de l'Organisation mondiale de la santé, adoptée en 1946 et entrée en vigueur en 1948.

La condamnation de l'hédonisme

La définition que l'OMS a proposée a été contestée, et ceux qui pensent que ce n'est pas à la médecine de rendre l'humanité heureuse réagiront sans doute de la même manière face au transhumanisme. Quoi qu'il en soit, les recherches sur les médicaments modifiant l'humeur et notre état affectif avancent ; par ailleurs, dans ce domaine de la médecine plus encore que dans les autres, la limite entre le normal et le pathologique est poreuse – j'y reviendrai. Si l'on ôte tout ce qu'il y a de grandiloquent dans les prédictions de Bostrom et que, plus sobrement, on travaille à mettre au point des béquilles médicamenteuses pour améliorer notre bien-être mental, optimiser notre capacité d'éprouver du plaisir et nous aider à atteindre cette égalité d'âme (l'« équanimité ») qui nous protège contre les sautes d'humeur excessives souvent dangereuses pour la qualité des relations humaines, ne serait-ce pas une bonne chose ? N'a-t-on pas vu que des choix éthiques corrects et judicieux réclament la coopération de l'affectivité et sa maîtrise ? Que pourrait-on donc y objecter, et au nom de quoi ?

Toutefois, dans notre tradition, la recherche du bien-être sous la forme du plaisir a souvent été considérée comme moralement suspecte. Je ne veux pas parler ici de la valorisation de la souffrance que l'on rencontre dans certaines conceptions religieuses, mais des doutes que la philosophie manifeste depuis l'Antiquité sur la valeur d'une vie humaine qui serait uniquement finalisée par le plaisir. Certes, Épicure pensait que le plaisir était constitutif du souverain bien :

> Le plaisir est le commencement et la fin de la vie heureuse. En effet, d'une part, le plaisir est reconnu par nous comme le bien primitif et conforme à notre nature, et c'est de lui que nous partons pour déterminer ce qu'il faut choisir et ce qu'il faut éviter ; d'autre part, c'est toujours à lui que nous aboutissons, puisque ce sont nos affections qui nous servent de règle pour mesurer et apprécier tout bien quelconque si complexe qu'il soit [5].

Mais déjà il s'opposait à une tradition concevant le plaisir comme plus digne de la bête que de l'être humain – Héraclite

---

5. ÉPICURE, *Lettre à Ménécée*, in *Lettres, maximes, sentences*, LGF, Paris, 1994, p. 194-195.

affirmant : « Si le bonheur résidait dans les plaisirs du corps, nous proclamerions heureux les bœufs quand ils trouvent des pois à manger[6]. » Aristote l'exprimera fortement en ces termes : « La foule se montre véritablement d'une bassesse d'esclave en optant pour une vie bestiale, mais elle trouve son excuse dans le fait que beaucoup de ceux qui appartiennent à la classe dirigeante ont les mêmes goûts qu'un Sardanapale[7]. » Le plaisir est commun aux animaux et aux êtres humains ; il ne saurait donc constituer un but approprié pour les êtres que nous sommes. En conséquence, l'hédonisme n'est pas une conception adéquate de la vie humaine.

La méfiance vis-à-vis du plaisir que nous observons dans notre tradition est toutefois conditionnelle : ce qui est condamnable, c'est la recherche du plaisir en tant que sentiment subjectif de bien-être érigé en but de la vie humaine, car le plaisir lui-même est un bien. Mais c'est le plus souvent un bien second, c'est-à-dire un bien qui en accompagne un autre, plus fondamental ; c'est pourquoi il doit être le fruit d'une activité de notre part ou être approprié à la situation – Aristote disait joliment : « Le plaisir perfectionne l'acte [...] telle une sorte de perfection survenue par surcroît, comme à la fleur de l'âge s'ajoute la beauté[8]. » Or une telle « perfection » est justement ce que la pilule du bonheur ne peut nous garantir. On le voit bien si l'on fait l'expérience de pensée suivante, proposée par Robert Nozick :

> Supposez qu'il existe une machine à expérience qui soit en mesure de vous faire vivre n'importe quelle expérience que vous souhaitez. Des neuropsychologues excellant dans la duperie pourraient stimuler votre cerveau de telle sorte que vous croiriez et sentiriez que vous êtes en train d'écrire un grand roman, de vous lier d'amitié, ou de lire un livre intéressant. Tout ce temps-là, vous seriez en train de flotter dans un réservoir, des électrodes fixées à votre crâne. [...] Bien sûr, une fois dans le réservoir, vous ne sauriez pas que vous y êtes ; vous penseriez que tout arrive véritablement[9].

---

6. HÉRACLITE, *in Les Penseurs grecs avant Socrate*, Garnier, Paris, 1964, p. 74.
7. ARISTOTE, *Éthique à Nicomaque*, op. cit., p. 43. Roi légendaire de Ninive (Assyrie), Sardanapale est réputé avoir vécu une vie de débauche et de plaisirs.
8. ARISTOTE, *Éthique à Nicomaque*, op. cit., p. 496.
9. R. NOZICK, *Anarchie, État et utopie*, PUF, Paris, 1988, p. 64.

Vous vous posez alors cette question : serait-ce une bonne chose si j'entrais dans ce réservoir, où je n'éprouverais que des expériences agréables ? Atteindrais-je alors la vie heureuse à laquelle j'aspire ? Il est probable que vous répondiez par la négative. Pourquoi ? Parmi les raisons que mentionne Nozick, il y a la suivante : « Qu'est-ce qui nous intéresse en plus de nos expériences personnelles ? Tout d'abord, nous voulons faire certaines choses, et non nous contenter d'avoir l'impression de les faire [10]. » Le bien-être comme ensemble d'états subjectifs agréables ne saurait nous satisfaire ; nous voulons *faire* quelque chose de sorte que le plaisir éprouvé soit l'effet de ce que nous avons fait, même si, bien sûr, il existe aussi des plaisirs que nous poursuivons parfois pour eux-mêmes, tels ceux liés aux appétits ou ceux qu'on appelle des « petits bonheurs », et qu'il n'y ait rien d'inadéquat à en jouir. Le problème naît lorsqu'on se propose une *vie* de plaisirs vécus passivement, ou une vie dominée par la recherche de tels plaisirs, comme on l'observe justement dans la toxicomanie.

Le plaisir doit être l'effet de ce que nous avons fait. Cela exclut de manière générale qu'il soit voulu pour lui-même, vécu dans la passivité. Cela exclut encore qu'il soit inapproprié. Je m'explique. Je viens de perdre mon emploi et ma femme m'annonce qu'elle me quitte. Choqué et abattu, j'ouvre ma boîte à pharmacie et avale trois neurocomprimés qui me font rapidement voir la vie en rose [11]. Mais ressentir des émotions agréables à l'occasion d'événements graves, que j'en sois la cause ou qu'ils me tombent dessus, est inapproprié : un tel état subjectif est sans fondement dans la réalité. C'est pour la même raison, à laquelle s'ajoutent des considérations de justice sociale, que l'on jugerait inadéquat d'administrer des neuro-comprimés à des ouvriers exploités pour les rendre heureux dans leurs chaînes. Puisque nos émotions ont un rapport avec la morale, c'est-à-dire avec la capacité d'agir bien, un tel usage des modificateurs de l'humeur pourrait avoir un effet moral délétère en faussant un guide important de toute action.

---

10. *Ibid.* (traduction modifiée).
11. Ce peut être l'effet du Prozac ; *cf.* C. ELLIOTT, *Better than Well, op. cit.*, p. 74.

Ces deux points convergent pour condamner les paradis artificiels : ils sont produits en nous par quelque chose d'extérieur que l'on subit et ils sont inappropriés.

L'importance du mérite

« Nous voulons faire certaines choses, et non nous contenter d'avoir l'impression de les faire », disait Nozick. Et effectivement, nous nous réalisons et nous épanouissons par et dans ce que nous faisons ; or l'épanouissement est une forme de bien-être fondamentale. Toutefois, notre agir rencontre des obstacles. Des obstacles techniques d'abord – nous pouvons être handicapés physiquement ou mentalement, avoir une mauvaise mémoire, une intelligence lente... –, mais aussi des obstacles psychologiques et moraux. La faiblesse de notre volonté est un fait attesté depuis la nuit des temps : je sais ce qu'il est bien de faire et je choisis le pire, disait déjà saint Paul, *Video meliora proboque, deteriora sequor* (« Je vois le bien, je l'aime et je fais le mal »), proclame Médée dans les *Métamorphoses* d'Ovide (livre VII, 20), et les Grecs avaient inventé un terme pour décrire cette forme d'intempérance ou d'incontinence : l'*akrasia*. Gage et Elliot seraient des avatars contemporains et pathologiques de Médée si, à défaut d'agir contre leur connaissance du bien par indifférence, ils agissaient par haine, immoralement plutôt qu'amoralement. Il nous arrive aussi d'éprouver des émotions moralement indésirables ou de ne pas éprouver celles qui seraient désirables, et d'en souffrir : parfois, nous aimerions être plus compatissants ou moins colériques. Les transhumanistes parlaient de médicaments de l'humeur – et il en existe déjà qui remplacent efficacement sinon avantageusement le petit vin blanc que, selon la chanson, on boit sous les tonnelles. Nous avions craint qu'ils soient un obstacle à notre vie morale en suscitant des émotions inappropriées, mais ils pourraient tout autant corriger celles que la nature nous donne et qui sont parfois indésirables car inappropriées. Ne serait-il pas alors judicieux d'avaler la pilule du bonheur, non pas pour flotter dans un océan de plaisir mais pour devenir, au sens large, plus moral ?

Il y a longtemps que certains auteurs appellent de leurs vœux cette réforme de la nature humaine, en ayant tablé jusqu'ici plutôt sur le génie génétique. On a vu ce que disait Jonathan Glover de nos capacités limitées pour la sympathie et pour l'altruisme. Quant au bioéthicien Tristram Engelhardt, il adopte des accents réellement transhumanistes et quasi bibliques :

> Dans le futur, notre capacité de manipuler la nature humaine afin qu'elle se conforme aux buts choisis par les personnes va augmenter. Au fur et à mesure que nous développerons nos capacités dans le génie génétique, non seulement au niveau des cellules somatiques mais aussi des cellules germinales, nous deviendrons capables de former et de façonner notre nature humaine à l'image et à la ressemblance des buts choisis par les personnes. À la fin, cela peut signifier un changement si radical que nos descendants pourraient être considérés par les taxonomistes du futur comme les membres d'une nouvelle espèce. Il n'y a rien de sacré concernant la nature humaine. [...] Ce sont les personnes qui sont la mesure de toutes choses, car il n'y a que les personnes qui peuvent mesurer [12].

Les promesses des neurosciences sont actuellement plus crédibles que celles du génie génétique, même si elles sont moins grandioses. William Safire les résume élégamment ainsi : « Supposez que nous puissions développer un médicament qui nous rende moins timide, plus honnête ou intellectuellement plus séduisant et qui développe notre sens de l'humour. Qu'est-ce qui nous empêcherait d'utiliser un tel "Botox pour le cerveau" [13] ? » Indéniablement, lorsqu'on est moins timide, plus honnête, intellectuellement plus séduisant, le tout avec le sens de l'humour, on est plus heureux : notre bien-être et celui de notre entourage s'en ressentent de manière significative. Dans le même ordre d'idée, Carl Elliott demande : « Si vous êtes anxieux, que vous vous sentez seul et qu'un médicament peut régler le problème, pourquoi rester anxieux et seul [14] ? » L'expression de « Botox pour le cerveau » est particulièrement intéressante en ce qu'elle trace un parallèle entre la neuroamélioration et la chirurgie esthétique. Selon Anjan Chatterjee, la comparaison est des plus pertinente et souligne le

---

12. H. T. ENGELHARDT, *The Foundations of Bioethics, op. cit.*, p. 377.
13. W. SAFIRE *in* S. MARCUS, *Neuroethics. Mapping the Field, op. cit.*, p. 8.
14. C. ELLIOTT, *Better than Well, op. cit.*, p. 298.

caractère quasi inévitable du développement de la première pour des raisons analogues à celles qui ont favorisé celui de la seconde. Plus précisément, si pendant longtemps la chirurgie esthétique a été associée à la frivolité – elle l'est d'ailleurs encore en partie –, elle est aujourd'hui de plus en plus considérée comme un choix rationnel, au point de mettre entre parenthèses la liberté ou l'autonomie de celui qui y recourt : « L'utilité d'être plus fort et plus intelligent, d'avoir moins besoin de sommeil, d'apprendre plus rapidement et de ne pas être gêné par des *trauma* psychiques est très claire », dans l'environnement économique ultracompétitif que nous connaissons : « Les travailleurs plus âgés risquent d'être remplacés par de plus jeunes, vu qu'ils sont moins capables d'apprendre et de s'adapter à un environnement technologique qui change rapidement [15]. » Chirurgie esthétique, substance améliorante ou simplement bronzage artificiel, l'important est de l'emporter et d'être perçu par les autres comme un gagnant.

Cette réflexion de Chatterjee nous fait sortir du cadre de la pilule du *bonheur* : il ne s'agit plus d'abord d'être heureux, mais d'être plus performant, et cela dans des domaines qui ne concernent pas en premier lieu l'humeur. Autrement dit, l'amélioration en général et la neuroamélioration en particulier concernent bien des facettes de notre vie, peut-être même toutes, puisqu'on peut (ou pourrait) régler ou améliorer par diverses substances et interventions non seulement notre humeur ou nos capacités affectives, mais encore nos capacités morales et cognitives, nos performances physiques et notre longévité. Avoir un meilleur caractère, être plus intelligent, posséder un corps d'athlète et vivre plus longtemps ne sont-ils pas certains des ingrédients nécessaires à une vie paradisiaque ? Ou plutôt – car rêver d'une amélioration massive de l'être humain dans tous ces domaines à la fois relève plus de la science-fiction que de la réalité – ne sont-ils pas des buts que nous avons de bonnes raisons de poursuivre ?

Peut-être, mais un tel paradis est tout aussi artificiel que le précédent, celui de la pilule du bonheur. Ne pas avoir pour but

---

15. A. CHATTERJEE, « Cosmetic neurology and cosmetic chirurgy : parallels, predictions, and challenges », *Cambridge Quarterly of Healthcare Ethics*, n° 16, 2007, p. 133 ; Carl Elliott avait souligné le même phénomène (*Better than Well, op. cit.*, p. 120-121).

le plaisir mais un bon caractère, des capacités psychologiques et physiques optimisées moyennant une pilule ou le recours à la chirurgie ne nous rend pas moins passifs quand nous avalons la première ou quand nous subissons l'intervention de la seconde [16]. Certes, le caractère inapproprié s'estompe dans le cas de ces améliorations puisque, au contraire, elles nous permettraient d'être mieux adaptés à notre environnement social, mais leur caractère passif demeure. Descartes disait, en commentant les règles morales qu'il avait adoptées : « Ma troisième maxime était de tâcher toujours plutôt à me vaincre que la fortune, et à changer mes désirs que l'ordre du monde [17]. » Par là, il entendait se soumettre à la doctrine stoïcienne enjoignant de ne se préoccuper que des choses qui dépendent de nous – or l'état du monde et la fortune (c'est-à-dire le sort, les circonstances) n'en dépendent pas, contrairement à nos désirs –, ce qui exige, on en conviendra facilement, des efforts importants de la volonté. À l'avenir, se vaincre et changer ses désirs pourraient se faire tout seul, sans effort, et avec le même bénéfice moral. Quel mal y aurait-il à cela ? Daniel Dennett se demande : « L'amélioration de soi est l'un de nos idéaux les plus élevés. Pourquoi serait-il important qu'on le réalise uniquement par la vieille manière démodée [18] ? » Si le but est bon et que les moyens sont adaptés, en ce sens qu'ils permettent de l'atteindre et ne causent de tort à personne, où est le problème ? Est-ce que le fait que le but soit atteint passivement plutôt qu'activement change vraiment quelque chose ?

Mais notre autonomie n'est-elle pas menacée ? Elle peut l'être, certes, puisque c'est à l'aune d'un modèle de normalité ou d'excellence que nous n'avons généralement pas choisi que nous nous mesurons et nous trouvons déficients, ainsi que Chatterjee le soulignait. Néanmoins, elle ne l'est pas si l'on considère que nous donnerions vraisemblablement notre consentement libre et éclairé à la personne qui nous proposerait les pilules de l'amélioration. Par ailleurs, si la pression sociale

---

16. Arthur Caplan relève qu'on peut acquérir une vision de plus de 100 % grâce à des interventions au laser. A. CAPLAN, « Straining their brains... », *Cerebrum*, vol. 6, n° 4, 2004, p. 14.

17. R. DESCARTES, *Discours de la méthode*, in *Œuvres philosophiques*, t. I, Garnier, Paris, 1963, p. 595.

18. D. DENNETT, *Freedom Evolves*, Allen Lane, Londres, 2003, p. 276.

s'exerce dans tous les domaines de la vie, une pilule qui combattrait la faiblesse de la volonté ne nous rendrait-elle pas justement plus capables d'y résister, et donc plus autonomes et plus moraux ?

Ce dernier argument est toutefois passablement sophistique, en ce sens que ce qui est actuellement mis au point, ce n'est pas la pilule de la force morale, mais de nombreuses pilules agissant chacune de manière sectorielle, par rapport à de multiples capacités. Et, ici, la pression peut être plutôt forte ; pensons au Ritalin et à sa large prescription aux États-Unis, qui va bien au-delà des enfants souffrant de troubles d'hyperactivité avec déficit d'attention (THADA) – bien que certains le contestent –, à l'instigation des parents et des instituteurs. Cette situation, notons-le en passant et gardons-le en mémoire, fait peser une menace sur la notion de santé, entendue comme fonctionnement humain normal : ainsi que le relève Robert Klitzman, on peut craindre « que le standard ou le seuil d'un comportement acceptable soit réévalué de telle manière que les états sous médicament commencent à être considérés comme la norme [19] ». Certains opposants au clonage reproductif fondaient leur refus sur le fait que le clonage manufacturerait l'enfant, le privant de sa liberté d'autonomie [20]. Les médicaments du cerveau me paraissent à cet égard un moyen bien plus efficace et redoutable ! Cependant, ne confondons pas la nature des problèmes : avoir une meilleure attention reste un objectif désirable, de même qu'être moins timide, plus honnête ou intellectuellement plus séduisant ; alléguer la pression sociale, c'est alors se tromper d'ennemi. L'ennemi, ici, c'est plutôt la dissociation du gain et du mérite.

En effet, ce qui gêne dans les pilules de l'amélioration psychologique, physique et morale, ce n'est pas qu'elles nous rendent meilleurs, puisque c'est un but que d'une manière ou d'une autre tout le monde se donne, pression sociale ou non ; c'est que celui qui les avale ne fait (presque) rien pour en mériter le bénéfice. Tout comme le cordonnier de cette petite fable, imaginée par Mark Michael :

---

19. R. KLITZMAN, « Clinicians, patients, and the brain », *in* J. ILLES, *Neuroethics, op. cit.*, p. 237.
20. *Cf.* mon livre *Enquête philosophique sur la dignité..., op. cit.*, p. 259-260.

> Un jour, Dieu décida de fabriquer une petite pilule rouge qui avait la propriété d'améliorer significativement les capacités de celui qui l'avalerait. Dans un bourg vivait un médiocre cordonnier qui produisait de médiocres souliers et qui, en conséquence, ne pouvait exiger qu'un modeste salaire. Lors d'une promenade, il trouva par hasard la pilule et, croyant à une baie, l'avala. Les effets ne se firent pas attendre : le lendemain à son travail, les clous qu'il plantait ne se tordaient plus comme il avait été de règle, il coupait et taillait le cuir avec dextérité et les souliers qu'il fabriquait ne lui attiraient plus que des éloges. Son salaire se modifia bien sûr en conséquence, si bien qu'il put rapidement ouvrir sa propre échoppe dans laquelle il prospéra [21].

Le cordonnier mérite-t-il les fruits de son travail désormais excellent ? Oui, puisqu'il a travaillé à cet effet tout comme auparavant. Mérite-t-il les nouvelles capacités qui lui ont permis d'œuvrer ainsi ? Non, puisqu'il n'a rien fait d'adéquat pour les acquérir (avaler une pilule n'est pas source de mérite). Or il doit en aller exactement de même pour les fruits moraux de capacités morales optimisées. Comme le souligne le Comité du président étasunien pour la bioéthique : « Un médicament qui induit une absence de peur ne produit pas le courage [22] », et ce bien qu'on fasse face au danger sans peur, qu'on contrôle effectivement ses émotions et son comportement. Pour être courageux, il faut avoir lutté contre ses peurs et avoir gagné sa constance à la force du poignet ! Avec le mérite, c'est le caractère lui-même qui s'en va – celui qui est sans peur n'est pas courageux –, d'où les craintes que les médicaments du cerveau n'entraînent une érosion du caractère.

On retrouve la même condamnation dans les débats autour du dopage dans le sport. Ici, il y a de plus le fait que les sportifs mettent leur santé en danger pour un bien (la victoire) que l'on juge d'importance moindre, et qu'ils se procurent, en se dopant, un avantage compétitif indu (ils trichent). Mais demeure la réprobation due à l'absence de mérite causée par l'absence d'effort et même de faire (le cycliste pédale tout de même et sa sueur n'est pas factice ; pour son surplus de puissance cependant, il n'a rien fait). Cette réprobation est toutefois à géométrie

---

21. *Cf.* M. MICHAEL, « Redistributive taxation, self-ownership and the fruit of labour », *Journal of Applied Ethics*, n° 2, 1997, p. 138-139.
22. The President's Council on Bioethics, *Beyond Therapy*, *op. cit.*, p. 291.

variable : certains types d'amélioration sans effort chez les sportifs, comme la stimulation musculaire électrique, que l'on peut « pratiquer » en dormant, ou la chirurgie laser oculaire pour améliorer la vision, sont admis [23]. Elle a aussi varié selon les époques : la caféine fut interdite par le passé. Manifestement, la vie sociale n'est pas toujours soumise à un impératif de cohérence, mais ce n'est pas un *scoop*.

La tricherie est toutefois universellement condamnée. Je ne vais pas m'y étendre, si ce n'est pour commenter une remarque de Michael Gazzaniga, qui demande : « Si aucun risque de santé n'est associé à un traitement, pourquoi ne pas vivre mieux grâce à la chimie [24] ? » Et il poursuit : « Imaginez qu'il soit possible de remplacer dix années d'entraînement musical au piano par dix minutes d'intervention sur le cerveau, ou de devenir un Michael Jordan grâce à un médicament ? » Il n'approuve toutefois pas, concluant : « Je reste convaincu qu'augmenter ainsi ses capacités motrices, c'est tricher [25]. » En revanche, il n'en irait pas de même, selon lui, si on améliorait ses capacités mentales. Ainsi, pour Gazzaniga, améliorer ses capacités physiques reviendrait à tricher, alors qu'améliorer ses capacités mentales n'impliquerait pas de fraude. Il y aurait donc là une asymétrie. Mais ce n'est pas très convaincant. En effet, d'une part, l'accusation de tricherie est facile à réfuter, soit que l'on permette l'usage de l'améliorant à tous les participants, soit que l'on change les règles du jeu ; et, d'autre part, améliorer sa mémoire peut être une tricherie, par exemple parce que tous n'y ont pas accès et que, par là, celui qui s'améliore acquiert un avantage compétitif. Toutefois, Gazzaniga met le doigt sur deux choses importantes. La première, qu'on connaît bien, est que nos capacités mentales, tant cognitives qu'affectives, sont spéciales, à la fois parce qu'elles touchent à notre identité – ce qui, pour certains, est une raison de plus de ne pas y toucher – et parce que leur fonctionnement optimal nous tient particulièrement à cœur – ce qui, pour d'autres, est une raison de tenter de les améliorer. Elles touchent à notre *nature*, dont la modification fait pour beaucoup l'objet d'un souci particulier, j'y

---

23. *Cf. ibid.*, p. 110.
24. M. GAZZANIGA, *The Ethical Brain, op. cit.*, p. 58.
25. *Ibid.*, p. 70.

reviendrai. La seconde est que, sous « tricherie », on peut entendre deux choses différentes : obtenir un avantage compétitif indu (augmenter ses capacités motrices pour vaincre autrui), et ce qu'on pourrait appeler « tricher avec la vie », c'est-à-dire ne pas suivre les règles du jeu que l'existence nous impose, bref, sortir de notre condition « naturelle » – ce que, selon lui, l'amélioration de nos capacités cognitives n'implique pas. C'est là aussi un thème qu'on retrouvera plus loin.

Cela dit, on comprend maintenant le sens profond de l'objection de la passivité : être passif, c'est ne faire aucun effort ; c'est donc se priver de tout mérite. L'exigence du mérite comme source de valeur est si importante dans notre façon de penser que certaines personnes condamnent moralement les jeux de hasard, surtout lorsqu'ils permettent de gagner gros : acheter un billet de loterie est un effort qui ne justifie en aucun cas le jackpot.

La création de soi, un fétichisme ?

Mais si le mérite est si important pour notre sens moral, doit-on pour autant faire fi du résultat ? Somme toute et encore une fois, être moins timide, plus honnête ou intellectuellement plus séduisant, avec le sens de l'humour, est une bonne chose ; si tous les êtres humains possédaient ces qualités, ils s'en porteraient mieux, de même que leur entourage. Chemin faisant, on pourrait aussi tenter de diminuer l'agressivité, l'orgueil, le fanatisme, ainsi que bien d'autres choses que des siècles d'efforts et de sueur morale n'ont pas réussi à vaincre. Comme le souligne Arthur Caplan sur le plan personnel : « Nous n'avons pas toujours besoin de "gagner" notre bonheur pour être vraiment et réellement heureux. Nous ne rejetons pas comme frauduleuses ces choses qui nous rendent heureux et pour la jouissance desquelles nous n'avons fourni que peu d'effort ou aucun [26]. » Certes, « bonheur » est un concept assez vague, et sa définition est discutée depuis l'Antiquité ; mais, en un sens immédiat, Caplan a manifestement raison.

---

26. A. CAPLAN, « Straining their brains… », *loc. cit.*, p. 17.

Plus simplement, on s'aide de bien des manières, notamment au plan cognitif : un agenda améliore la mémoire et on n'a que très peu de mérite à le tenir correctement ; en est-il pour cela moralement douteux ? Pas plus qu'une paire de jumelles qui améliore notre vision à distance ! Le marché des compléments alimentaires pour soutenir la mémoire est actuellement énorme, sans que personne s'en émeuve. Enfin, nous bénéficions tous sans aucun mérite et sans aucune vergogne – mais pourquoi en éprouverions-nous ? – des progrès techniques et sociaux que les générations précédentes nous ont légués. On comprend alors que Neil Levy ait proposé de remplacer le critère du mérite par un principe de parité éthique, stipulant qu'il est moralement équivalent de changer notre cerveau et de changer notre environnement si par là nous améliorons une fonction mentale qu'il est bon d'améliorer – et réciproquement : s'il est mal de l'améliorer, peu importe que nous le fassions en modifiant « passivement » notre cerveau ou « activement » notre environnement[27]. Or bien des capacités et des comportements humains sont dignes d'amélioration, tant au niveau de la communauté politique que de l'individu.

Au niveau de la communauté politique, c'est particulièrement clair. Vaut-il mieux avoir une société avec un taux de malheur, de criminalité et d'immoralité élevé, où chacun est pleinement auteur et responsable de ce qu'il est – au sens du compatibilisme déflationné –, ou une société « passivement » pacifiée avec un taux de malheur, de criminalité et d'immoralité bas ? Notre tradition éthique accorde, avec le mérite, une place centrale à l'intention et à la responsabilité ; Kant allait jusqu'à dire qu'une volonté bonne est seule porteuse de valeur morale et que le résultat n'importe pas : *fiat justitia, pereat mundus* (« Que la justice s'accomplisse, le monde dût-il s'effondrer »). Les utilitaristes ont tenté de nous rendre plus sensibles aux résultats et aux conséquences de nos actes, mais manifestement sans grand succès, du moins si on en reste aux discours moraux. Ce n'est pas par hasard s'ils se voulaient des réformateurs sociaux car, pour celui qui se place du point de vue du bien commun plutôt que de la responsabilité individuelle, le fait de pouvoir établir une société pacifiée ne compte pas pour rien !

---

27. *Cf.* N. Levy, *Neuroethics, op. cit.*, p. 61.

D'ailleurs, si seule la bonne volonté importe, pourquoi la police et les prisons sont-elles nécessaires ? Pour poursuivre et punir ceux qui le méritent, dira un kantien ; mais pourquoi pas aussi pour protéger la société et pour dissuader les criminels en puissance, gardant ainsi par la menace de la sanction les volontés faibles dans le droit chemin ? Certains condamnés se voient d'ailleurs proposer un traitement à la place de la prison. Reste qu'à certains égards mieux vaudrait tenter de modifier la société que chercher à s'y adapter, que ce soit par ses efforts ou par des médicaments : la place du mérite une fois réévaluée, la pression sociale réapparaît tout de même comme une contrainte. Concernant l'augmentation impressionnante des dépressions, Levy relève :

> Une explication plausible est que les conditions sociales dans lesquelles nous vivons – l'aliénation et le caractère anonyme des grandes cités, l'insécurité causée par la globalisation et les changements d'emploi, la menace de nouvelles maladies, les tensions politiques, etc. – sont incompatibles avec une vie épanouie. [...] Plutôt que de nous médicaliser afin de faire face à notre environnement toxique, nous devrions le changer [28].

Au niveau de l'individu aussi, certaines neuroaméliorations sont tout à fait désirables. Au plan cognitif d'abord. Qui par exemple ne voudrait voir sa mémoire substantiellement améliorée, si cela pouvait être réalisé sans danger ? La nature donne à certains une bonne mémoire et à d'autres une « passoire » ; pourquoi ne pas compenser la loterie naturelle en rétablissant plus d'égalité, c'est-à-dire plus de justice – certaines substances améliorent proportionnellement davantage les facultés des moins doués que celles des plus doués ; il y en a même qui diminuent les performances des plus doués [29] ! Et l'apprentissage des langues étrangères, ne pourrait-on pas le rendre plus aisé et aider par là la communication entre les peuples ? Au plan du tempérament moral ensuite. Ne souffrons-nous pas chacun à notre manière de traits de caractère que nous désirerions ne pas avoir et contre lesquels nous luttons souvent depuis notre jeunesse plus ou moins énergiquement – surtout s'il s'y

---

28. *Ibid.*, p. 86.
29. *Cf.* Martha FARAH *et al.*, « Neurocognitive enhancement », *in* W. GLANNON, *Defining Right and Wrong in Brain Science, op. cit.*, p. 292-293.

ajoute une faiblesse de volonté – et plus ou moins efficacement, car ils assombrissent tant notre relation avec nous-même
qu'avec les autres ? Si nous pouvions y remédier, loin d'être
moins nous-même sur les plans psychologique et moral, nous le
deviendrions alors plus, et nous pourrions revendiquer les fruits
de ce progrès comme plus pleinement nôtres. Sous cet angle, il
est intéressant de noter que les personnes agressives traitées par
lithium réagissent différemment selon qu'elles considèrent que
l'agressivité est un trait de leur personnalité ou non : « Les personnes qui apprécient d'être sous lithium sont celles qui ressen-
taient leur comportement agressif comme un trait non désiré de
leur personnalité. [...] D'autres personnes, qui avaient incorporé le comportement agressif dans leur personnalité, détes-
taient prendre du lithium [30]. »

Tout cela me paraît révéler une certaine incohérence dans
l'idéal de la personne morale qu'entretient notre tradition. Nous
méritons ce à quoi nous avons contribué, ce dont nous sommes
les auteurs. Par rapport à nos capacités naturelles, nous méritons
ce que nous en avons fait, c'est-à-dire ce que notre effort a créé,
rien de plus. Nous devons donc être les auteurs de nous-même,
la création de soi étant probablement notre idéal le plus cher, et
c'est notamment pour cela que nous accordons tant de poids à
l'autonomie en éthique biomédicale. Or, dès que nous exa-
minons nos pratiques, nous nous rendons vite compte qu'il y
a là bien des effets de rhétorique, signes sans doute d'une
hypertrophie de cet idéal. Pensons à l'éducation : nous
demandons aux parents et à la société de former les enfants afin
qu'ils se conforment à certains modèles plutôt qu'à d'autres
et nous pensons que cela requiert nécessairement un effort de
leur part ; mais, lorsqu'ils n'y parviennent pas, nous n'hésitons
pas à employer des moyens coercitifs, de diverses natures, selon
que nous estimons que leur comportement relève du vice, de la
maladie ou du péché. Et nous en usons de même dans toutes
les relations sociales. Certes, lorsqu'il a été question de l'amélioration de l'être humain par le moyen du génie génétique,
une objection libérale était que, en modifiant le génome de nos
enfants, nous déciderions à leur place quelle personne elles
devaient être, et que cela violerait par anticipation leur

---

30. E. COCCARO, *in* President's Council on Bioethics, 9 septembre 2004.

autonomie. Il y avait dans cet argument plus qu'un grain de vérité. Ici, il s'agissait toutefois de modifications *irréversibles*, ce qui n'est généralement pas le cas avec des médicaments – mais qui peut l'être avec l'éducation !

Et puis la nature ne nous a pas équitablement dotés : bien des traits de caractère sont simplement le fruit de la neurochimie qui s'est opérée en nous depuis notre conception. Dès lors, pourquoi les moins bien dotés devraient-ils souffrir pour s'améliorer et leur serait-il interdit de se mettre au niveau des mieux lotis par des moyens plus aisés et plus fiables que l'effort personnel ? Le cordonnier ne mérite pas ses nouveaux talents ? Mais celui qui les possède en naissant non plus ! Nous nous créons nous-mêmes, vraiment ? Disons plutôt que nous aménageons le nous-même que la nature a créé de manière aléatoire et sans nous consulter. Malgré tout cela et non sans une certaine complaisance, nous proclamons haut et fort que nous sommes et devons continuer à être les auteurs de nous-même !

Il n'est d'ailleurs pas si facile de savoir qui est ce *nous-même*. Pensons aux personnes agressives traitées par lithium dont il vient d'être question, ou au cas de cette femme, Sally, à qui le Prozac a (re)donné courage et confiance en elle : elle refuse désormais d'abandonner le médicament qui, somme toute, l'a rendue à elle-même et lui permet enfin de devenir l'auteur de sa vie, c'est-à-dire d'une vie vraiment signifiante pour elle, qui ne se résume pas à une lutte vaine et sans fin contre ce qui constituait cette partie de son caractère qu'on appelle l'humeur – bref, le médicament ne l'a pas rendue heureuse, mais a rétabli les conditions qui lui permettent de faire ce qui est susceptible de la rendre heureuse [31]. Pour Sally, l'objectif n'est pas de devenir mieux que soi-même, ni un meilleur soi-même, mais simplement de (re)devenir elle-même. On en dira autant des personnes souffrant de syndrome de stress post-traumatique (SSPT) et que le Propanolol, loin de les priver de leur identité, rend à elles-mêmes, rétablissant la continuité de leur personne brisée par le traumatisme. Ainsi en va-t-il encore des adultes souffrant de THADA qui, sous médicament, se rendent

---

31. *Cf.* The President's Council on Bioethics, *Beyond Therapy*, *op. cit.*, p. 247, qui fait référence à l'ouvrage de Peter KRAMER, *Listening to Prozac*, Penguin, New York, 1993.

compte que la responsabilité de leurs échecs n'était pas imputable à eux-mêmes, mais à leur trouble – bien sûr, ici, l'illusion guette, et ce n'est pas un hasard si on a parlé à ce propos de médicalisation de l'échec professionnel [32]. Bref, comme me l'a suggéré Nicolas Tavaglione, l'usage de neuromédicaments peut être autonome (redevenir soi-même) ou hétéronome (satisfaire son employeur).

Mais si, après un traitement, le patient se sent mieux qu'il n'était avant sa maladie, lorsqu'il était « normal », est-il davantage lui-même ou moins lui-même ? Cette question ne se limite pas aux médicaments du cerveau : Carl Elliott rapporte le cas d'un body-builder qui s'est transformé – y compris par l'usage de stéroïdes anabolisants – parce qu'il méprisait celui qu'il était auparavant, et l'exemple d'une femme qui trouvait sa poitrine trop grosse et qui, grâce à une intervention chirurgicale, devint enfin fière de son apparence [33]. Manifestement, bien des questions délicates demeurent et, puisque la connaissance de soi par introspection n'est pas infaillible – en ce qui concerne la connaissance que nous avons de notre caractère, c'est un euphémisme –, elles deviennent même plus aiguës : être sous neuromédicaments éclaire-t-il ou obscurcit-il le discernement par rapport à soi-même ? Peut-on améliorer ses capacités sans se changer soi-même, comme si le moi subsistait immuable derrière ses caractéristiques apparentes ? Ou le moi n'est-il que l'ensemble de ses propriétés ?

Je ne vais pas entrer dans les problèmes de l'identité personnelle, la situation étant déjà suffisamment complexe. La question que j'ai posée dans cette section était celle du rapport entre la création de soi et le mérite ; quel est le résultat de son examen ? On ne peut vaincre la fortune, pensait Descartes à la suite des Anciens. Avec les Modernes, du moins à partir de Kant (et avec certains Anciens comme les stoïciens), on a cru que, par la morale et l'effort personnel, on pouvait sinon la dompter, du moins la mettre entre parenthèses et se situer au-dessus d'elle. C'était sinon une erreur caractérisée, du moins une exagération. Il me paraît alors judicieux de reconnaître notre dépendance et les limites que cela implique tant sur le

---

32. *Cf.* C. ELLIOTT, *Better than Well, op. cit.*, p. 255.
33. *Ibid.*, p. 38-39.

plan de la création de soi que sur celui du mérite : nous ne sommes pas des *self-made (wo)men*, nous n'avons pas tout pouvoir pour nous construire, si bien que l'effort personnel, quelque intense qu'il soit, ne garantit pas le résultat, c'est-à-dire l'adéquation de celui que nous sommes devenu avec celui que nous aspirions à devenir, et cela alors même que notre aspiration n'a rien de démesuré ou de déraisonnable. C'est pourquoi, lorsque la fortune – nature ou circonstances – est une marâtre, nous n'avons aucune raison de ne pas tenter de la remettre au pas grâce notamment aux neuromédicaments.

Le fonctionnement humain normal

Mais comment tracer les limites du désirable et du moralement acceptable ? Si le mérite n'est pas un critère adéquat, la question revient à demander, à la manière de Levy : quelles sont les capacités humaines qui sont dignes d'amélioration ? Mais une fois que le caractère désirable du but est établi, les *moyens* sont-ils vraiment moralement neutres, comme je l'ai laissé entendre à la fin de la section précédente ? On peut tout de même en douter. L'éducation est une méthode d'amélioration qui a pour but franc et avoué de rendre meilleur : il faut « redresser le bois tordu[34] », disait déjà Aristote. L'entraînement des sportifs en est une autre, satisfaisant à la devise *citius, altius, fortius* (« plus vite, plus haut, plus fort »). Cela paraît à chacun justifié, bien que toute méthode d'éducation et d'entraînement ne le soit pas. Sur ce point, la description que fait Michael Sandel de la pression éducative actuelle aux États-Unis donne plutôt froid dans le dos. Un exemple parmi bien d'autres : « Entre 1981 et 1997, la quantité de travail lié à l'école fait à la maison a triplé chez les enfants âgés de 6 à 8 ans[35] » et, au jardin d'enfants – où l'admission requiert la réussite d'un test de capacités pour lesquels les tout-petits subissent un *coaching* de préparation, de plus en plus souvent accompagnée de prise de Ritalin –, lecture et mathématiques

---

34. ARISTOTE, *Éthique à Nicomaque, op. cit.*, p. 116.
35. M. SANDEL, *The Case Against Perfection*, Belknap Press, Cambridge Mass., 2007, p. 59.

ont remplacé les jeux. Quant au dopage, il est actuellement condamné, bien que, comme on l'a vu, la cohérence ne soit pas totale en ce domaine. Contrairement au dopage qui est artificiel, l'éducation et l'entraînement sont généralement considérés comme des méthodes « naturelles ». Le critère du moralement acceptable résiderait donc non seulement dans le but visé, mais encore dans le caractère *naturel* et non *artificiel* de l'intervention améliorante ? Il faut bien comprendre l'argument. Il ne s'agit pas de condamner toute intervention artificielle sur l'être humain, sinon la médecine succomberait à l'objection. Le médecin est un homme de l'art, et sa mission est de soigner. Le recours à l'artifice est donc justifié lorsqu'il s'agit de rétablir la santé, mais ne le serait pas lorsqu'il s'agit de l'améliorer. Ici, seules les méthodes « naturelles » – comme l'éducation ou l'entraînement – seraient acceptables.

Ce sont là des considérations qu'on entend souvent. Sont-elles pertinentes ? Si c'était le cas, elles auraient encore l'avantage de nous dispenser de toute réflexion sur la liste des capacités humaines dignes d'être améliorées et les autres – réflexion dont on peut s'attendre qu'elle soit des plus vive et conflictuelle –, en se contentant d'énoncer un critère d'admissibilité concernant la manière d'améliorer. Son résultat serait direct : toute amélioration usant de médicaments ou d'outils technologiques serait moralement condamnable. Malheureusement, et même sans tenir compte du problème du mérite, le critère proposé est mauvais, et cela pour deux raisons : 1. la distinction entre soigner et améliorer n'est pas claire ; 2. la distinction entre le naturel et l'artificiel n'a aucune pertinence morale. Dans cette section et la suivante, je vais m'occuper du premier point, laissant le second pour la suite.

La médecine se veut curative et non améliorative, mais il apparaît très rapidement qu'elle a bien de la peine à tracer la limite entre soigner et améliorer : vacciner, est-ce l'un ou l'autre ? Et la chirurgie correctrice ? Les traitements contre les effets de la ménopause (à moins que le vieillissement lui-même ne soit une maladie) ? Y compris pour restaurer la fécondité ? Et l'usage de la contraception ? Enfin, que dire de la volonté de pallier l'affaiblissement de la mémoire qui touche jusqu'à 90 % des personnes âgées ? La nature elle-même entretient le flou : certaines formes d'anémie d'origine génétique, mortelles à moyen terme pour ceux qui l'expriment, protègent les porteurs sains contre la malaria. Quant aux diabétiques, ils résistent mieux en période de disette, car ils consomment moins de calories. Peut-on remédier à ce flou ?

Si on veut y parvenir, il faut commencer par proposer une définition de la santé qui soit plus opérationnelle que celle de l'OMS, puisque cette dernière ne permet pas de distinguer soigner et améliorer – tout écart par rapport à l'idéal de bien-être étant du ressort de la médecine, du traitement donc. On invoque souvent celle qu'a proposée Norman Daniels et à laquelle j'ai déjà fait allusion en passant : la santé consiste en un fonctionnement humain normal, si bien que « les soins de santé ont, comme but, un fonctionnement normal : ils se concentrent sur une classe spécifique de désavantages évidents et essayent de les éliminer [36] ». Soigner, c'est rétablir un fonctionnement humain normal, c'est une *restitutio ad integrum* ; c'est aussi empêcher que ne s'installe un fonctionnement anormal, ce qui permet d'inclure les vaccins ou les traitements de la ménopause, ainsi que toutes les mesures de médecine préventive. Améliorer, c'est aller au-delà de l'humainement normal. Mais alors, comment justifier que l'on administre de l'hormone de croissance à un individu qui est petit parce qu'il en manque et non à un autre qui n'est pas plus grand mais n'en manque pas ? On peut invoquer une norme biologique ou physiologique : la quantité de cette hormone présente dans le sang doit se situer entre telle et telle valeur pour être normale ; c'est le principe du *check-up*. Toutefois, cela ne mène pas très loin, car la norme proposée par Daniels n'est qu'indirectement liée à la mesure d'une dose : ce n'est que dans la mesure où cette dose contribue à un *fonctionnement normal* qu'elle est pertinente, et c'est bien naturel, car ce qui nous importe, c'est d'être des humains fonctionnels et non des humains « dosément » corrects ! La norme, en médecine comme dans le domaine juridique et moral, c'est un *comportement* approprié ou adéquat.

Ainsi, être un humain fonctionnel n'est pas une question de biologie, sinon indirectement. En effet, les normes de la fonctionnalité dépendent de la manière dont nous vivons, ce qui fait

---

36. N. DANIELS, *Just Health Care*, Cambridge University Press, Cambridge, 1986, p. 46.

référence à la compréhension sociale de l'être humain et à la compréhension de l'être humain tout court, bref à ce que cela signifie pour un humain d'être et d'agir comme un humain. À vrai dire, même si Daniels conçoit d'abord ce fonctionnement dans le cadre théorique proposé par le philosophe John Rawls, comme condition pour une égalité des chances, on peut facilement élargir son propos. Par exemple, ainsi que le souligne Levy, « la dyslexie n'est un handicap que dans une société où on lit [37] ». Relevons toutefois que « fonctionner » ne signifie pas s'adapter simplement à un conformisme socioéconomique : selon la conception qu'on se fait de l'être humain et de la société, cela peut demander de s'en éloigner. Quoi qu'il en soit de ce dernier point, on comprend qu'on ne se demande si quelqu'un a un cerveau normal que lorsque son *comportement* ne l'est pas : comme le dit Michael Sandel, il est possible que le cerveau de mère Teresa soit, à sa manière, aussi physiologiquement « anormal » que celui des criminels [38].

Cela reste très général, mais on peut préciser, du moins sur certains points. Complétant une proposition de Ramachandran, Glannon relève qu'un moi normal ou fonctionnel comprend cinq caractéristiques : il a le sens de sa continuité, celui de son unité ou de sa cohérence, le sentiment d'être inséré dans un corps, le pouvoir de contrôler son comportement (il est un agent moral) et la capacité de percevoir le monde et d'y répondre [39]. La maladie mentale se caractérise alors par l'absence de l'un ou l'autre de ces traits. On peut par conséquent caractériser la normalité ou santé mentale, en donner les conditions, mais bien sûr, seulement avec une certaine approximation, et cela même si on accepte pleinement la pertinence de ces cinq caractéristiques. Par exemple, quelle quantité de contrôle de soi est-elle nécessaire pour parler d'un moi sain ? Il y a des cas clairs, mais d'autres qui le sont beaucoup moins.

Il en va en fait toujours ainsi, dès que l'on sort des maladies franches et massives comme la grippe : un critère de santé n'est éclairant que dans la mesure où l'on dispose d'un concept de normalité qui possède un contenu précis. Or on connaît les

---

37. N. LEVY, *Neuroethics, op. cit.*, p. 95.
38. *In* President's Council on Bioethics, 25 juin 2004.
39. W. GLANNON, *Bioethics and the Brain, op. cit.*, p. 32-33.

difficultés de cette condition au moins depuis Georges Canguilhem[40], et cette définition proposée par un médecin mis en scène par Jules Romains, dont il est difficile de mesurer le degré de sérieux, les illustre parfaitement : « Ce qu'on appelle le cas normal n'est que l'écart moyen des cas anormaux[41]. » On se souvient de cette crainte de Klitzman « que les états sous médicament commencent à être considérés comme la norme ». Dans le même ordre d'idée, Martha Farah relève que, depuis que les médicaments du cerveau, et notamment de l'humeur, sont mieux tolérés, le seuil de la maladie s'est abaissé, en ce sens que de plus en plus de personnes « limites » en reçoivent[42]. Et dans le domaine sportif, ainsi que me l'a rapporté Rodrigue Hofmann, Barrie Houlihan donne l'exemple d'une coureuse américaine dont les muscles des jambes avaient crû au-delà de leur gaine à cause d'un entraînement excessif, lui causant des douleurs considérables. Elle eut alors recours à une intervention chirurgicale pendant laquelle les gaines musculaires furent incisées, supprimant ainsi la pression excessive et les douleurs. Supprimer des douleurs, c'est soigner, mais l'état de départ *normal* était déjà un état *amélioré*.

Qui dira alors ce qu'est un fonctionnement humain *normal*, puisque la (neuro)biologie ne le peut avec toute la précision désirée et qu'il faut la seconder ? Il y a trois possibilités : l'individu, la société ou la nature humaine, telle que l'anthropologie philosophique la conçoit. Si c'est le premier, tout devient possible, y compris paradoxalement le transhumanisme, puisque chacun détermine ce qui compte pour lui comme fonctionnement normal. Cela paraît être la bonne réponse en régime libéral, avec toutefois cette précision fatale : certes, chacun le décide, mais il ne doit prendre aucune décision qui fasse du tort aux autres. Or, dans la vie sociale que nous menons, comme d'ailleurs dans toute vie sociale, il faut des règles *communes*, ce qui est incompatible avec la libre décision individuelle de ce qui compte comme fonctionnement humain normal. Il en va exactement comme pour le dopage dans la pratique sportive : même

40. G. CANGUILHEM, *Le Normal et le pathologique*, PUF, Paris, 1966 [1943].
41. J. ROMAINS, *Les Hommes de bonne volonté*, *op. cit.*, vol. II, p. 1179.
42. *Cf.* M. FARAH, « Emerging ethical issues in neuroscience », *in* W. GLANNON, *Defining Right and Wrong in Brain Science*, *op. cit.*, p. 21.

si l'on estime qu'il faut l'autoriser, dans la mesure où il ne met pas la santé de l'athlète en danger et qu'il ne dénature pas l'activité sportive, reste qu'il doit être encadré[43]. Est-ce alors à la société de le déterminer ? Elle le fait effectivement largement : pensons à la liste des interventions médicales qu'elle décide de rembourser ; le reste étant soit remis aux décisions individuelles, soit interdit. Dans le sport, certaines améliorations sont permises, on l'a vu. Mais comment la société décide-t-elle ? Dans les faits, par de multiples arbitrages, mais les arguments avancés se réfèrent généralement à des concepts comme l'intégration sociale, l'égalité des chances ou une vie décente. De telles notions renvoient nécessairement à ce qui est considéré comme constitutif d'une société juste, voire d'une société bonne[44]. Or il n'est pas possible de dire ce qu'est une société bonne sans recourir à la troisième possibilité, c'est-à-dire la nature humaine, comprise non dans un sens biologique, mais dans le sens où l'anthropologie philosophique l'entend, ce qui, comme on le verra, fait référence à des concepts tels que la « conception de la vie bonne » ou l'« idéal de la personne ». L'idée est qu'une société bonne est une société dans laquelle l'être humain peut se réaliser, s'accomplir et s'épanouir, c'est-à-dire fonctionner comme un être humain doit pouvoir le faire, en accord avec sa nature.

L'optimisation et l'amélioration

Il n'y a toutefois pas d'unanimité, loin s'en faut, sur ce qui constitue un épanouissement proprement humain. Autrement dit, il existe plusieurs conceptions concurrentes de ce qu'est la nature humaine et de ce qu'est une vie bonne – pensons à la conception chrétienne d'un côté et à celle d'un Aristote de l'autre : MacIntyre est allé jusqu'à dire que ce dernier n'aurait certainement pas admiré Jésus et qu'il aurait été horrifié par

---

43. *Cf.* B. KAISER, A. MAURON et A. MIAH, « Legalisation of performance-enhancing drugs », *Lancet*, vol. 366, décembre 2005, p. 521.

44. Les libéraux pensent qu'on peut s'en dispenser si on se contente de promouvoir une société juste, mais c'est une erreur à mon sens ; *cf.* mon article « Le charme secret du patriotisme », *in* B. BAERTSCHI et K. MULLIGAN, *Les Nationalismes*, *op. cit.*

saint Paul[45]. Mais quelle que soit la conception qu'on se fait de la vie bonne, elle contient au moins deux éléments : un fonctionnement *authentiquement* humain et un fonctionnement humain *optimal*, lesquels permettent d'en définir un troisième : un fonctionnement humain *amélioré*. Ce n'est pas par hasard si les transhumanistes veulent aller *au-delà* de la nature humaine, c'est-à-dire d'une vie bonne pour l'être humain tel que nous le connaissons : l'être humain sera alors *mieux que bien*.

Il est bon de s'arrêter quelque peu sur ces trois éléments, car ils permettent d'affiner le concept, somme toute assez générique, d'« amélioration ». Quand on parle d'amélioration, il faut d'abord distinguer, comme je l'ai fait jusqu'ici, ses divers *domaines* d'application : améliorer ses performances physiques, ses capacités intellectuelles, ses capacités morales ou son état affectif. Mais cela ne suffit pas : il faut encore considérer le *type* d'amélioration. Ainsi que le relève le Comité du président étasunien, « "supérieur" peut signifier "mieux que ce que j'ai fait jusqu'ici", ou "mieux que mon adversaire", ou "mieux que le meilleur" [...] Cela peut encore signifier "mieux que je n'aurais fait sans améliorant"[46] ». La distinction que je viens de tracer, entre l'*optimisation* et l'*amélioration*, est une manière d'expliciter le sens de ces différentes acceptions de « supérieur ». Comment les distinguer plus précisément ? En poursuivant la première, ce que l'on cherche d'abord, ce n'est pas d'être meilleur que les autres, mais d'être mieux que ce que l'on est actuellement, afin d'atteindre un état ou un niveau jugés adéquats, ce qui peut s'incarner, pour les plus ambitieux, dans des idéaux d'excellence, comme ceux que représentent tous les modèles auxquels on peut ou on a pu s'identifier, des saints de la *Légende dorée* aux vedettes du sport et du show-biz. Dans le domaine moral, être optimal peut signifier quelque chose comme posséder des vertus classiques telles que le courage, la maîtrise de soi, la tempérance ou la bienveillance. Dans le domaine de l'humeur, atteindre une forme de « bonne » humeur qui permette d'être psychologiquement à l'aise et socialement optimiste et performant. Dans le domaine des capacités intellectuelles, enfin, être à la hauteur de ses propres ambitions ou

---

45. A. MacIntyre, *After Virtue*, Duckworth, Londres, 1985, p. 184.
46. The President's Council on Bioethics, *Beyond Therapy*, *op. cit.*, p. 102.

de celles de son milieu. L'optimisation est ce que chacun désire pour lui-même : devenir pleinement la personne qu'il est (réaliser son essence, sa nature), devenir la personne qu'il veut être en mettant en œuvre toutes ses capacités (réaliser ses aspirations), bref, s'accomplir en tant que personne humaine et en tant qu'individu. De telles aspirations peuvent certes manifester une méconnaissance et donc un refus de ses propres limites, par conséquent une incapacité de s'accepter tel que l'on est, mais il n'y a là aucune nécessité : l'optimisation s'accommode très bien de la lucidité sur soi-même, si bien qu'en principe elle n'est pas vulnérable à l'objection classique selon laquelle, en cherchant à se changer, on se rend coupable de démesure ou d'*hybris*, c'est-à-dire du refus d'accepter sa condition. Il s'agit plutôt, comme je l'ai dit, de réaliser sa nature, telle qu'elle nous est donnée ou telle qu'on la conçoit.

Évidemment, la situation peut devenir assez complexe. Isidore désire devenir médecin, mais ses capacités intellectuelles sont limitées ; il estime toutefois qu'il doit s'accepter lui-même. Néanmoins, il lui vient la réflexion suivante : mes limites sont moi-même, mais mes aspirations aussi, pourquoi devrais-je alors n'accepter que les premières et non les secondes, lorsqu'elles ne coïncident pas ? Vouloir franchir ses limites, cela paraît viser à une forme d'amélioration de soi qui, elle, succombe plus facilement à la critique de la démesure, puisqu'elle propose un *dépassement* et non un *accomplissement* de soi. Mais, en cherchant à s'optimiser, on va forcément tenter d'améliorer certaines de ses capacités.

Distinguer l'optimisation et l'amélioration exige donc d'être précis, car, laissées à elles-mêmes, les deux notions se fondent aisément l'une dans l'autre. À cet effet, on précisera d'abord quel en est l'*objet* : on peut optimiser et améliorer la nature humaine, une personne, une capacité ou un état ; or, comme je viens de le souligner, optimiser la personne que je suis implique que j'améliore certaines de mes capacités. Ensuite, optimiser se réfère à la réalisation d'une qualité déterminée, alors qu'améliorer dénote le dépassement d'une qualité donnée qui va au-delà de ses limites « naturelles ». Évidemment, lorsque ces limites ne sont pas bien connues, distinguer optimisation et amélioration se révèle difficile : s'entraîner afin de devenir meilleur, est-ce s'optimiser pour s'accomplir ou s'améliorer pour dépasser ses limites au risque d'aller « trop loin » ? Le cas du sport de compétition est intéressant ici : si le champion paraît d'un certain côté être un idéal humain (optimisation), l'entraînement intensif auquel il se soumet et les améliorants dont il use tendent d'un autre côté à le faire sortir de la norme de l'humain naturel, même s'il ne se dope pas.

Présentée ainsi, la distinction entre l'optimisation et l'amélioration autour de la notion de dépassement paraît se superposer avec la frontière entre le naturel et l'artificiel, au sens où, d'un côté, on se borne à réaliser sa nature et, de l'autre, on cherche à la transcender. Ici encore, le jugement moral semble accompagner la distinction : il est désirable et louable de réaliser sa nature, blâmable de vouloir aller au-delà ; c'est, pour reprendre une expression dont j'ai usé plus haut, *tricher avec la vie*. D'où, pour certains, une nouvelle raison de s'opposer au transhumanisme. Cependant, il faut se garder de tout amalgame : ici, quand il est question de naturel et d'artificiel (au sens de transnaturel), il ne s'agit pas des *moyens*, comme c'était le cas plus haut, mais du *but*. Reste que le concept de « nature » est source de difficultés. J'y viendrai dans la section suivante. Pour l'instant, j'aimerais revenir sur l'articulation des trois ingrédients de toute conception de la vie bonne.

Sous nos latitudes, c'est-à-dire dans les démocraties libérales, on considère que l'amélioration ne relève pas des fonctions d'un État – certains estiment qu'il devrait même l'interdire, par exemple au nom de l'égalité des chances. Le fonctionnement authentiquement humain fait en revanche partie de ses attributions, et pas seulement dans la mesure où il concerne la santé. Quant à l'optimisation, cela dépend : l'éducation n'y est pas indifférente – pensons à l'instruction publique –, mais d'autres domaines d'excellence sont laissés aux bons soins de l'individu. Dans les faits, on détermine généralement un seuil d'optimalité, variable selon les temps et les lieux, en dessous duquel on intervient en invoquant le fonctionnement normal et au-dessus duquel on parle d'amélioration. Mais où situer ce seuil ? On retrouve ici le problème de définition de la normalité ; il n'est donc pas difficile de proposer de nombreux cas suscitant la perplexité. Le parallèle que Chatterjee trace entre la neuroamélioration et la chirurgie esthétique indique un mouvement : la correction chirurgicale de certains défauts est depuis quelque temps considérée comme une thérapie, étant donné les effets sociaux négatifs de certains traits disgracieux ; on peut donc être sûr que le « Botox pour le cerveau », ou l'un de ses cousins, sera bientôt inclus dans la classe des thérapies. Il n'y a là rien d'étonnant : la catégorie de l'optimisation jette un pont entre le normal et l'amélioré, que l'on franchit aisément.

L'optimisation est donc la notion charnière ; or elle forme le cœur des conceptions de la vie bonne. En effet, être une personne optimale, c'est-à-dire qui fonctionne comme un être humain doit fonctionner, vertueusement ou excellemment, comme auraient dit les Anciens, est le but que nous poursuivons, que nous le choisissions en toute liberté ou qu'il nous soit suggéré, voire imposé, par le milieu social où nous évoluons. Bref, la conception que nous nous faisons de l'optimisation varie en fonction de la conception de la vie bonne que nous adoptons, déterminant aussi par là ce qu'il faut entendre par « thérapie » et par « amélioration ». On ne peut séparer ces notions, ce qui est d'ailleurs aussi l'avis du Comité du président étasunien, même s'il préfère parler de « conception de la vie humaine épanouie ou signifiante ».

Relevant que, d'une manière ou d'une autre, nous désirons tous avoir de meilleurs enfants, être plus performants, vivre plus longtemps et jouir du bien-être mental, il s'empresse d'ajouter que ce que nous désirons, c'est que nos enfants soient des *humains* plus accomplis, que nous soyons des *humains* plus performants, que nous vivions plus longtemps dans la dignité propre à l'être *humain* et que nous expérimentions un bien-être approprié à un être *humain,* rejoignant ici Aristote et Mill pour considérer que le bonheur propre à l'être humain ne saurait être celui d'une bête ou d'un pourceau. Cela reste encore vague, mais implique déjà deux choses, selon le même Comité :

— Ces biens doivent être *nôtres* et non les produits « mécaniques » d'agents extérieurs à nous ; or, « dans la mesure où une réalisation est le résultat de quelque intervention extérieure, elle est détachable de l'agent dont elle veut être une réalisation [47] » – on reconnaît ici l'objection de la passivité.

---

47. *Ibid.*, p. 294.

— Il faut se garder de lâcher la proie pour l'ombre : « Des personnes en bonne santé dont le comportement perturbé est "remédié" par des calmants plutôt que par leurs propres efforts ne sont pas en train d'apprendre le contrôle de soi [48]. » Dans la même veine, Bertha Manninen souligne qu'« une réponse appropriée à la gestion de situations difficiles de la vie n'est pas simplement de se sentir rapidement bien, mais de se sentir bien *de la manière qui convient* [49] ». Or, on a de la peine à ne pas estimer que donner un médicament à ses enfants pour « des peurs suscitées par le quotidien scolaire, l'obscurité, une séparation temporaire, les visites chez les dentistes et "les monstres" [50] », comme le recommande une publicité dans l'*American Journal of Disease of Children*, n'a rien à voir avec une conception adéquate de la vie bonne. Il est des épreuves par lesquelles nous passons et devons presque à coup sûr passer, qui nous renforcent et nous permettent d'accéder à plus de maturité, bref qui contribuent au développement et à la réalisation ou à l'accomplissement de soi. Dans ces cas, éprouver des émotions négatives est exactement ce qui est adéquat, c'est même, si l'on se rappelle ce que disait Aristote, un caractère de la vertu.

On peut être d'accord ou non avec le détail de l'argument ; en ce qui concerne mon propos, il suffit qu'il illustre avec force que l'éthique est inséparable d'une anthropologie philosophique ou d'une conception de la nature humaine, ce qui est bien normal, puisque ce dont nous voulons disposer, c'est une éthique qui dise ce qu'est une vie bonne pour des humains et non pour des Martiens. En outre, cela indique que la prétention de Rawls et de bien des kantiens de séparer l'éthique et la conception du moi n'est pas tenable (le moi rawlsien, si on le prend au sérieux, est justement assez proche de ce moi séparé de ses réalisations, comme l'a souligné Michael Sandel) [51]. Reste à savoir en quoi consiste cette vie bonne, si nous voulons pouvoir porter un jugement moral nous disant quelles capacités méritent d'être optimisées ou améliorées. On retrouve ici la question de Levy, qu'Aristote déjà avait posée en d'autres

---

48. *Ibid.*, p. 291.
49. B. MANNINEN, « Medicating the mind : A kantian analysis of overprescribing psychoactive drugs », *Journal of Medical Ethics*, n° 2, 2006, p. 102.
50. *Ibid.*, p. 101.
51. *Cf.* mon livre *Enquête philosophique sur la dignité, op. cit.*, chap. 1.

termes, lorsqu'il se demandait quelle est l'œuvre (*ergon*) qui est propre à l'être humain, en laquelle il s'épanouit et réalise sa nature. Mais avant d'y venir, il me faut examiner le second point que j'ai soulevé, le problème de la pertinence morale de la distinction entre le naturel et l'artificiel.

Le naturel et l'artificiel

Deux fois déjà nous avons rencontré la thèse selon laquelle le naturel et l'artificiel caractériseraient des moyens ou des buts qui devraient être tenus séparés et relèveraient de jugements moraux opposés. Jusqu'ici, je n'ai pas développé précisément l'argument, mais il est clair qu'on le rencontre dans certaines conceptions écologiques et, chez les philosophes, dans le courant qui s'inspire de Hans Jonas. À la suite de ce dernier et en forçant un peu sa pensée, il faut en convenir, il n'est pas rare de lire que, comme il s'agit de préserver la signification des fins de la *nature* humaine (l'œuvre que la nature humaine nous prescrit), il s'ensuit non seulement que toute substitution de fins autres (non naturelles donc) est mauvaise, mais encore que tout moyen artificiel de réaliser ces fins naturelles est mauvais alors que tout moyen naturel est bon. Que vaut l'argument ? Pour le savoir, il faut d'abord le comprendre ; or il est double, puisqu'il se compose de deux thèses :

— Les fins naturelles que poursuit l'être humain sont bonnes, et il a le devoir de s'y conformer.

— Ces fins doivent être réalisées par des moyens naturels.

La première thèse n'est rien d'autre que l'affirmation que notre conception de la nature humaine, et donc de la vie bonne, est source de normes pour notre action, ce qui est exactement la thèse que j'ai développée dans la section précédente et sur laquelle je reviendrai encore dans la suivante ; elle implique la condamnation de toute amélioration artificielle, c'est-à-dire de toute amélioration qui nous détourne de ce que nous avons à être, bref, qui n'est pas, selon une conception adéquate de la vie bonne, une véritable amélioration. Quant à la seconde, qui implique la condamnation de toute amélioration opérée par des *moyens* artificiels, elle n'a rien à voir avec la précédente et est particulièrement faible. En effet, ce n'est pas ce naturel-là, celui des moyens, qu'il s'agit de préserver ; le croire, c'est d'abord devoir jeter l'anathème sur des pratiques sociales insignifiantes, comme se teindre les cheveux quand ils commencent à devenir gris ou pour se donner un look différent, mais c'est surtout avoir manqué une partie importante de la révolution scientifique du XVIIᵉ siècle. Je précise.

Pour la physique aristotélicienne, comme le souligne Étienne Gilson, « tous les êtres se répartissent en deux classes ; et ces deux classes ne sont pas celles des êtres vivants et des êtres inorganiques, mais celles des êtres naturels et des êtres artificiels [52] », car seuls les premiers ont un principe interne de mouvement, à savoir une nature. Mais, objecte Robert Boyle en 1666 : « Je ne vois pas pourquoi tout ce que le feu des chimistes produit devrait être considéré comme non naturel mais comme des corps artificiels ; puisque le feu, qui est le grand agent de ces changements, ne cesse pas, en étant employé par des chimistes, de fonctionner comme un agent naturel [53]. » En chauffant de la silice, le chimiste ou l'artisan produisent artificiellement du verre, mais ce verre est exactement le même que celui que la chaleur d'un volcan produit dans sa cheminée ! La distinction entre le naturel et l'artificiel n'a donc aucun fondement scientifique et il faut affirmer leur identité ontologique. Bref, ce que la nature fait, nous pouvons le faire et nous le faisons d'ailleurs déjà depuis longtemps, comme l'atteste l'exemple du verre.

Il s'ensuit que le fait que quelque chose ait été créé par l'être humain, c'est-à-dire soit artificiel, n'a aucune pertinence morale. Ni le fait que ce quelque chose n'ait pas été créé par lui, c'est-à-dire soit naturel, car l'action humaine n'a ici rien de spécial. Certes, la nature n'a pas à rendre compte de ce qu'elle fait, alors que nous y sommes obligés. Ainsi l'argument ne doit pas être compris comme nous autorisant à faire tout ce que la nature fait (par exemple produire des catastrophes ou des épidémies). Simplement, pour tout état de chose, son caractère bon ou mauvais ne saurait dépendre du fait qu'il ait été produit par la nature ou fabriqué par l'être humain, ou du fait qu'il soit plus

---

52. É. GILSON, *Études sur le rôle de la pensée médiévale dans la formation du système cartésien*, Vrin, Paris, 1984, p. 155.
53. R. BOYLE, *The Origin of Forms and Qualities...*, Londres, 1666, p. 51.

ou moins éloigné de la nature, c'est-à-dire qu'il soit plus ou moins médiatisé par la technique – pensons aux techniques « douces », aux médecines « naturelles ».

Ainsi en va-t-il des médicaments amélioratifs du cerveau : si une substance permet à quelqu'un d'améliorer sa mémoire et d'éviter de longs efforts d'apprentissage, et qu'on estime que c'est une mauvaise chose, ce ne saurait être parce que c'est artificiel mais, par exemple, parce que cela prive l'apprenant de tout mérite. Il en va de même pour les traitements : la psychopharmacologie ne peut être douteuse parce qu'elle est artificielle, au contraire de ce que serait par exemple une psychanalyse, mais peut-être parce que, comme le mentionne Levy, « avoir plus de sérotonine disponible n'est pas une raison pour être gai [54] ». Inversement, avoir moins de sérotonine n'est pas une raison pour être triste ; et alors, que faire si notre niveau de sérotonine est bas ? Parfois, pour ne plus être triste, ne plus avoir peur, ou, plus généralement, pour ne plus éprouver une émotion négative inappropriée, il suffit de rectifier la base cognitive de notre émotion : si je suis triste parce qu'on m'a appris le décès d'un ami, c'est approprié ; cela l'est encore si ma tristesse s'en va en découvrant que c'est faux. De même, si quelqu'un me fait peur dans le noir, ma peur s'en va si je reconnais la personne qui m'a surpris. Mais parfois aussi, malgré le changement cognitif, l'émotion perdure. Elle est alors inappropriée, et insensible aux changements cognitifs. Comme elle ne répond pas aux raisons, pourquoi exclure la psychopharmacologie ?

Associer l'éthique à la nature humaine n'a donc rien à voir avec une condamnation de l'artificiel ; en matière d'amélioration de l'être humain, il n'existe par conséquent aucune recette simple pour nous permettre de décider dans quelles directions il est bon de nous engager, et lesquelles nous devons éviter. C'est pourquoi la réflexion neuroéthique doit avoir lieu. Mais ici encore, les questions morales posées inclinent, quoique « sans nécessiter », dans la direction d'une certaine forme de naturalisme éthique, c'est-à-dire d'une éthique qui s'appuie sur une conception de la nature humaine, comme l'attestent toutes les réflexions que nous avons déjà proposées sur les

---

54. N. LEVY, *Neuroethics, op. cit.*, p. 77.

conceptions de la vie bonne. Dans cette optique, Michael Gazzaniga va jusqu'à dire : « Il pourrait y avoir un ensemble universel de réponses biologiques aux dilemmes moraux, une sorte d'éthique implantée dans nos cerveaux. J'ai l'espoir que nous serons bientôt capables de découvrir cette éthique, de l'identifier, et de commencer à vivre plus pleinement grâce à elle [55]. » Pour la découvrir et l'identifier, il faudra toutefois avoir répondu à la question : *Qui sommes-nous ?* Si la norme d'un comportement correct est inscrite dans notre nature, il faut connaître cette dernière pour dire le bien et le mal.

Les conceptions de la vie bonne

Nous voici renvoyé à notre question : si le mérite n'est pas un critère adéquat, quelles sont les capacités humaines qui sont dignes d'amélioration ? On sait déjà que la réponse dépendra de la conception de la vie bonne que nous adoptons. Quelle est celle qui s'impose, et qui exprime l'œuvre propre de l'être humain ? Si, du temps d'Aristote, on pouvait penser donner *une* bonne réponse à cette question, il n'en est plus de même aujourd'hui, problème d'ailleurs dont Gazzaniga n'a pas vraiment pris la mesure lorsqu'il espère la découverte de l'« éthique implantée dans nos cerveaux ». En effet, les désaccords sur cette définition sont aussi profonds que ceux qu'occasionne l'éthique normative. Comme on le répète depuis Rawls, il existe des désaccords sérieux entre différentes *conceptions de la vie bonne* et, corrélativement, entre différents *idéaux de la personne*, chacun donnant un sens à ce que signifie « réaliser sa nature » ou « s'épanouir en tant qu'être humain ».

Bien sûr, dans l'optique du naturalisme évolutionniste, on pourrait se contenter de signaler cette fin que tout être vivant poursuit et qui, bien entendu, explique l'existence et le contenu de nombreuses normes morales et sociales : la survie. Comme le dit le même Gazzaniga : « L'éthique surgit du fait que nous sommes des êtres humains, c'est-à-dire des êtres qui pensent en contexte, qui sont influencés par leurs émotions et qui sont faits

---

55. M. Gazzaniga, *The Ethical Brain*, *op. cit.*, p. xix.

pour prolonger leur survie[56]. » Mais, si nécessaire que cela soit, c'est largement insuffisant pour caractériser la morale de l'être social et culturel que nous sommes devenus au fil du temps, et, de ce point de vue, les espoirs de notre neurobiologiste manifestent une naïveté certaine. D'autres fins que la survie importent, manifestant des idéaux plus riches, plus épanouissants pour les êtres que nous sommes, et entre lesquels, en définitive, il n'est pas possible de choisir rationnellement. J'ai déjà parlé de l'idéal de la création de soi, fondé sur l'autonomie de la personne ; il en existe bien d'autres. En voici une liste non exhaustive, et dont chacun demanderait encore d'être explicité : l'idéal de maîtrise de soi et de sa vie ; d'authenticité ; d'amélioration continue ; de perfection personnelle ; de réussite sociale ; de dévouement aux autres ; de passion (romantique).

Un idéal de la vie bonne est une conception de ce en quoi consistent une vie réussie et l'épanouissement de la personne qui la vit. Il se formule souvent, on l'a vu, en référence à une conception de la nature humaine (« L'être humain est/n'est pas fait pour X »). En fait, chaque type de société propose et promeut un ou plusieurs idéaux de la personne, une ou plusieurs conceptions de la vie bonne, à partir desquels les pratiques, les institutions et les comportements sont jugés. Si certains de ces idéaux sont larges, comme l'atteste la liste de ceux mentionnés ci-dessus, d'autres sont plus sectoriels. Par exemple, l'idéal moral chevaleresque que décrit ainsi Jules Romains :

> La morale [de Mgr] de Sérasquier était en somme moins cléricale que chevaleresque. Il prisait par-dessus tout les gens de parole, ceux sur qui on peut aveuglément compter ; qui ne trahissent ni l'ami ni le chef, ni davantage le subordonné ; il ne haïssait rien tant que les êtres sans fidélité, incapables de constance, faux amis, faux serviteurs, chefs perfides[57].

D'autres ont une teneur moins individuelle et plus sociale, comme le même auteur le relève :

> Et puis il y a les idées, les grandes pancartes, qu'on promène en tête de ce cortège qu'est une société, qu'est une civilisation. Ce sont elles qui polarisent, d'une façon nouvelle chaque fois, l'éternelle

---

56. *Ibid.*, p. 177.
57. J. ROMAINS, *Les Hommes de bonne volonté*, *op. cit.*, vol. II, p. 954.

nature humaine. La pancarte « Enrichissez-vous » n'a sûrement pas les mêmes vertus de polarisation que la pancarte « Travaillez tous pour le bien commun ». La pancarte « En avant pour la conquête du monde ! Mort aux ennemis ! » n'a sûrement pas le même effet de polarisation que la pancarte : « Peuples du monde, unissez-vous ! » [58].

À la lumière de ces idéaux, on comprend aisément que certaines interventions proposées par les neurosciences soient acceptées et d'autres non, les premières étant rangées du côté des thérapies ou de l'optimisation, les secondes du côté des améliorations, d'où la connotation paradoxalement négative que prend alors ce terme : vouloir s'améliorer en ce sens, c'est entretenir une conception erronée de ce qu'est une vie bonne, ou prendre le risque de mettre en danger la conception à laquelle on se réfère [59]. Par exemple, au nom de l'idéal de l'authenticité, on s'opposera aux moyens façonnant un moi qui ne serait pas celui que je suis authentiquement, faisant émerger des capacités qui ne seraient pas authentiquement les miennes, mais non à l'usage de substances permettant l'émergence du véritable moi que je suis. Décrivant la société américaine actuelle, Carl Elliott note :

> En Amérique, votre statut social est lié à la manière dont vous vous présentez aux autres, et si votre présentation se détériore, votre statut chute. Si votre statut chute, votre estime de soi l'accompagne. Sans estime de soi, vous ne pouvez vous épanouir. Si vous n'êtes pas épanoui, vous ne menez pas une vie vraiment signifiante. C'est la logique cruelle de notre système moral [60].

Sur cette base, la chirurgie esthétique et les médicaments de l'humeur seront classés du côté de la thérapie ou de l'optimisation, non de l'amélioration proprement dite (le dépassement).

Cela dit, on paraît bien être dans une impasse : un consensus moral sur les neuroaméliorations présuppose que l'on se soit mis d'accord sur l'idéal de la vie bonne et de la personne qui est adéquat pour un être humain ; mais il y en a plusieurs, entre

---

58. *Ibid.*, vol. III, p. 958.
59. C'est ce que certains auteurs objectent à l'usage des produits dopants dans le sport : ces produits éloignent du but que le sport poursuit, elles en corrompent la nature ; *cf.* M. SANDEL, *The Case Against Perfection, op. cit.*, chap. 2.
60. C. ELLIOTT, *Better than Well, op. cit.*, p. 205.

lesquels il n'est pas possible de trancher, d'autant que, comme je l'ai dit, je ne pense pas que l'être humain dispose d'une faculté d'intuition lui permettant de dire le vrai. Il resterait alors à s'en remettre aux décisions du plus grand nombre, par conséquent à l'idéal majoritaire du moment, sauvegardant ainsi un consensus *social* qui permet de continuer à vivre en commun. En ce qui concerne notre société libérale avancée, celui-ci repose non seulement sur un noyau de valeurs « universelles » comme les droits de l'homme, mais encore, et c'est ce qui est ici en question, sur une certaine façon de voir les choses et de vivre en conséquence.

Avant d'en venir à cette conclusion, il vaut tout de même la peine de tenter une évaluation, car l'existence de désaccords, même profonds, n'implique pas que n'importe quel idéal puisse se présenter comme adéquat pour l'épanouissement humain. La nature humaine doit bien faire peser quelques contraintes sur ces idéaux. À cet effet, je partirai de la situation imaginaire suivante, imaginée par Chatterjee, dont je modifie quelques détails :

Henri, directeur ambitieux, travaille quatre-vingts ou cent heures par semaine. La qualité de sa vie de famille en pâtit et sa femme divorce. Cela le traumatise, si bien que le médecin lui prescrit un antidépresseur, qui produit son effet. Pendant ce temps, la fille de ce patient, Julie, rencontre des difficultés scolaires. Le psychologue de l'école estime que la jeune fille souffre de THADA. À la demande du père, le médecin lui prescrit des stimulants. Xavier, son fils, qui fréquente un lycée, est un coureur de demi-fond talentueux, mais toutefois pas assez pour être compétitif au niveau national. Son père, ayant lu dans une revue médicale que le Viagra augmente la capacité pulmonaire de transporter l'oxygène (parmi d'autres effets), demande à son médecin d'en prescrire pour son fils, dans l'espoir de le voir acquérir un niveau national, et comme Xavier est d'accord, le médecin s'exécute.

Par ailleurs, Henri, qui lutte pour obtenir un contrat en Arabie saoudite, aimerait apprendre l'arabe pour avoir un avantage sur ses concurrents. Il demande donc à son médecin, qui est d'accord, de lui prescrire une dose d'amphétamine qu'il prendra juste avant ses leçons afin de l'aider à apprendre de manière plus efficace (des données récentes sur la récupération du langage à la suite d'attaques suggèrent que l'administration d'amphétamines tend à augmenter le succès de l'apprentissage). Il prend ses amphétamines et ses leçons. Quand il est prêt pour son voyage d'affaires, son médecin lui donne un nécessaire de voyage breveté, qui contient un somnifère à prendre au départ et un stimulant pour l'arrivée. En Arabie saoudite, il stupéfie tout le monde par sa connaissance de l'arabe et remporte le contrat[61].

Chatterjee est plutôt horrifié par l'histoire qu'il a imaginée. Bien qu'il la présente comme une « dystopie » (c'est-à-dire comme une contre-utopie), il pense que nous nous sommes déjà bien engagés sur cette voie, notamment parce que nous y serions psychologiquement prêts. À un test leur demandant s'ils accepteraient de donner une substance relativement sûre à leur enfant pour qu'il devienne un excellent pianiste, 48 % des parents répondent par l'affirmative, et le Comité du président étasunien d'ajouter : « Un comportement compétitif de la part de bien des parents, recherchant des avantages pour leurs enfants, est déjà largement répandu à l'école et dans les programmes sportifs ; il n'y a pas de raison de croire que cela va s'arrêter à la frontière des substances pharmacologiques, si elles sont efficaces et sans danger[62]. »

Que penser alors de cette autre histoire, imaginée par Thomas Murray, où l'amélioration est aussi au service de la performance, mais orientée de manière plus altruiste (on pourrait dire qu'elle permet à l'individu de devenir un chirurgien optimal) ?

> Imaginez un médicament que les neurochirurgiens pourraient prendre pour réduire le tremblement naturel de leurs mains et augmenter leur capacité de concentration. Ce médicament hypothétique n'aurait pas ou seulement peu d'effets secondaires. De nombreuses études auraient montré que les neurochirurgiens qui prennent ce médicament avant une opération ont de meilleurs résultats : moins d'erreurs de chirurgie, un taux de morbidité et de mortalité moindre chez leurs patients. Serait-il immoral pour un neurochirurgien de prendre ce médicament parce qu'il constitue une « amélioration » ? Supposons que quelqu'un que nous aimons ait besoin d'une opération du cerveau et que deux neurochirurgiens soient disponibles. Si l'un disait : « Bien sûr, je prends ce médicament, parce qu'il aide mes patients », et que l'autre réplique : « Non seulement je ne prends pas ce médicament, mais j'utilise aussi des instruments du XIXᵉ siècle, parce qu'ils me permettent de mieux déployer ma virtuosité technique », quel chirurgien choisirions-nous tous[63] ?

---

61. *In* S. ACKERMAN, *Hard Science, Hard Choices, op. cit.*, p. 82.
62. The President's Council on Bioethics, *Beyond Therapy, op. cit.*, p. 73.
63. S. ACKERMAN, *Hard Science, Hard Choices, op. cit.*, p. 75.

Même si on laisse tomber les instruments du XIXe siècle, la réponse devrait rester la même.

La considération des idéaux que j'ai mentionnés plus haut permet de jeter quelque lumière sur ces jugements spontanés : notre tradition morale accorde une grande importance à la distinction entre l'égoïsme et l'altruisme. C'est quasiment une question de définition : est moral ce qui est altruiste, alors qu'égoïste est presque synonyme d'immoral. Nous avons donc une tendance spontanée à approuver (ou du moins à ne pas condamner) le neurochirurgien, et à adopter une attitude inverse vis-à-vis de la famille « dopée ». Mais l'idéal de dévouement aux autres n'est pas seul sur le marché des idéaux ; pour quelqu'un qui accorde plus d'importance à la réussite sociale ou à la perfection personnelle, l'attitude de cette famille ne pose pas de problème moral : il s'agit de moyens d'atteindre son idéal, bref, de s'optimiser. Bien sûr, cela peut soulever d'autres questions, comme celle de la tricherie et celles liées à la justice sociale, si tous n'y ont pas accès, lorsqu'il s'agit de se procurer un avantage compétitif immérité. « Immérité », voilà un autre ingrédient important dans notre conception de ce que sont une vie bonne et une vie juste, mais on a vu aussi à quel point la notion demandait une redéfinition ou du moins un recadrage, d'autant que ceux qui se dopent, par exemple les membres de la famille décrite par Chatterjee, ne se dispensent pas de tout effort : ils peuvent même travailler très dur (ils ne sont pas à l'intérieur d'une machine de Nozick) ; simplement, ils se donnent une aide. La dystopie des uns fait l'utopie des autres.

La morale publique

Bref, nous en revenons toujours à la même question, que reformule Éric Parens : « Quelles sortes d'améliorations devrions-nous poursuivre si nous voulons nous épanouir[64] ? ». Elle reste pertinente, que l'amélioration soit recherchée par des moyens techniques ou non, par l'effort ou non. Seulement, vu la divergence des conceptions de la vie bonne, il est clair que

---

64. É. PARENS, « Creativity, gratitude, and the enhancement debate », *in* J. ILLES, *Neuroethics, op. cit.*, p. 83.

la réponse qui y sera donnée variera en conséquence. Toutefois, si on résiste aux améliorations techniques, sans effort, ce ne sera pas parce qu'elles sont techniques (ou artificielles, en tant qu'opposées aux méthodes naturelles), mais parce qu'on estime qu'elles n'apportent pas de *véritable* amélioration, qu'elles sont en fait des appauvrissements. Ainsi, puisque la stimulation magnétique transcrânienne améliore les capacités linguistiques et artistiques [65], un partisan de l'idéal d'excellence y verra une véritable amélioration – il se verrait bien comme un nouveau Mozart –, alors qu'un partisan de l'authenticité pourrait bien y voir un appauvrissement.

Je conclurai de manière plutôt agnostique en disant ceci : il n'est pas difficile de construire des cas fictifs, quoique plausibles, qui mettent à mal notre discernement spontané (ce qu'on appelle parfois nos « intuitions »). Imaginons par exemple qu'un étudiant prenne un médicament (appelons-le Méliorex) qui lui permette de réussir à un examen où il est testé sur des compétences qui n'ont rien à voir avec le métier qu'il veut pratiquer, métier pour lequel par ailleurs il possède toutes les compétences requises, et au-delà, mais qui sert uniquement à éliminer un certain nombre de candidats en fonction des places disponibles. Que penser de son comportement ? Ce qui explique notre hésitation, c'est notamment notre allégeance chancelante et simultanée à plusieurs idéaux de la vie bonne. Somme toute, des sept idéaux mentionnés plus haut, chacun représente pour la plupart d'entre nous quelque chose de désirable, à tel point que nous aimerions satisfaire à tous, s'ils étaient toujours, comme disait Leibniz, « compossibles ».

Dans des sociétés traditionnelles, l'autorité politique est souvent encore religieuse et morale ; ce n'est plus le cas dans une société libérale, où règnent la pluralité des idéaux et parfois leur conflit, entre les personnes, et même à l'intérieur de certaines d'entre elles. Si l'on veut éviter la lutte des « visions du monde », il paraît peu judicieux de promouvoir une morale *publique* qui aille au-delà de ce que Ruwen Ogien propose sous le nom de « morale minimale », où « toute l'éthique se résume

---

65. M. STEVEN et A. PASCUAL-LEONE, « Transcranial magnetic stimulation and the human brain : An ethical evaluation », *in* J. ILLES, *Neuroethics, op. cit.*, p. 208.

au souci d'éviter de nuire délibérément à autrui [66] ». Il s'agit selon moi essentiellement de s'assurer que les institutions de la justice libérale et de la police fonctionnent correctement. En ce qui concerne le méliorisme en général et la neuroamélioration en particulier, une fois qu'on s'est assuré de l'innocuité relative des moyens employés, qu'on s'est gardé de toute discrimination dans l'accès à ces moyens et, si possible, de la libre décision de chacun d'y recourir ou non, il n'y a de ce point de vue plus rien à dire ou à objecter sur la place publique. Je peux certes personnellement m'affliger de la conception de la vie bonne qui inspire la famille « dopée » et, si je la connais, je peux lui faire part de ma désapprobation et tenter de la convaincre de poursuivre un idéal que j'estime plus sain, mais c'est tout.

Du moins à première vue, car éviter les conflits sur la place publique n'implique pas le renoncement aux débats. On peut espérer que la discussion publique évitera qu'on se propose, communautairement, des idéaux qui nous engagent dans une voie dont notre humanité aurait à souffrir, soit parce qu'ils restreindraient indûment la liberté de chacun de se construire en fonction d'une conception dissidente mais adéquate de la vie bonne, soit parce qu'ils seraient inadéquats. L'histoire a amplement montré que cela arrive, et certains des auteurs que nous avons rencontrés jettent un regard sombre sur l'idéal compétitif qui règne actuellement.

---

66. R. OGIEN, *L'Éthique aujourd'hui. Maximalistes et minimalistes*, Gallimard, « Folio-Essais », Paris, 2007, p. 12.

Conclusion

Je n'ai présenté dans cet ouvrage que certains aspects de l'impact des neurosciences sur l'éthique et sur nos conceptions philosophiques, mais des aspects qui touchent profondément la vision que nous avons de nous-même, dans ce que nous sommes et dans la manière dont nous concevons notre agir. Je n'ai toutefois presque rien dit de cet impact en ce qui concerne la question de notre identité personnelle (la théorie du moi et la théorie de l'esprit). Ce point est peut-être moins intimement lié à la morale ; il est toutefois loin d'être insignifiant. Neil Levy, qui en fait le fil directeur de son ouvrage sur la neuroéthique, estime que nous allons être amenés à étendre les limites de notre esprit (*mind*) non seulement au-delà des frontières de notre crâne, à notre corps, mais encore au-delà des limites de ce dernier. Il nomme cela l'« hypothèse de l'esprit étendu » (*extended mind*) – l'esprit comprenant aussi les outils que nous avons développés et notre environnement dans la mesure où ils soutiennent la cognition[1]. C'est en un sens paradoxal, car spontanément on penserait volontiers que la neuroéthique a plutôt l'effet de nous limiter à notre cerveau. Mais, on l'a vu, il s'agit d'un domaine où les surprises abondent. Il est clair cependant que le changement préconisé par Levy présuppose l'abandon d'une thèse cartésienne importante, qui considère que le moi est coextensif à la conscience que l'on en a ou que l'on

---

1. N. Levy, *Neuroethics, op. cit.*, p. 29.

pourrait en avoir[2]. Les neurosciences, tout comme les sciences cognitives, poussent effectivement dans cette direction, mais j'ai l'impression que, ce faisant, elles sous-estiment l'importance du point de vue subjectif. C'est néanmoins un sujet qui, à mon sens, est moins central pour l'éthique proprement dite, à laquelle je voulais borner mon propos.

Ce que j'ai dit devrait suffire à nous persuader que les nouvelles connaissances et les nouveaux pouvoirs que les neurosciences mettent à notre disposition vont modifier l'image que nous nous faisons de l'être humain, ainsi que l'idée de ce qu'une société juste et bonne doit offrir à ses citoyens. Cette modification est d'ailleurs engagée depuis longtemps et, en un sens, les neurosciences ne sont qu'un pas de plus vers une conception de l'être humain éclairée par les données des sciences. Toutefois, ce pas a, sans doute bien plus que ceux qui ont précédé, le pouvoir de transformer notre compréhension de la réalité humaine et surtout de nous mettre sur la voie de nous changer nous-même, ce que les transhumanistes ont bien compris. Il nous incombe alors de décider dans quelles limites et dans quels buts nous voulons user de ces connaissances et de ce pouvoir.

D'un point de vue philosophique, il est clair que, en reprenant à mon compte le projet de contribuer à une conception de l'être humain qui se veut éclairée par les données des sciences, je me place sur le plan de la métaphysique. Ce que j'assume bien volontiers, même si j'ai tenté de ne pas injecter trop de métaphysique dans mon propos. Dans l'examen de la question du libre arbitre et du déterminisme, par exemple, j'ai défendu un point de vue compatibiliste déflationné, mais je n'ai pu m'y tenir jusqu'au bout et la métaphysique a fini par revenir, comme c'est inévitable (*in cauda venenum*). Plus généralement, la position que je défends, lorsqu'elle s'étend de l'éthique normative proprement dite vers la métaphysique, repose sur la thèse de la clôture causale du monde. Si celle-ci devait se révéler fausse, la conception philosophique vers laquelle mes propos inclinent sans nécessiter ne se soutiendrait plus, car il n'y aurait alors plus d'obstacle à admettre des pouvoirs causaux d'une

---

2. *Cf.* mon livre *Les Rapports de l'âme et du corps. Descartes, Diderot, Maine de Biran*, Vrin, Paris, 1992, partie 2, chap. 4, § 5.

autre nature, comme le libre arbitre des libertariens, voire l'âme des dualistes. À moins d'exploiter les minces possibilités que, peut-être, l'indéterminisme quantique ouvre, comme Eccles a tenté de le faire et, très récemment, Searle. Toutefois, l'étude des corrélats cérébraux de nos états mentaux et la dépendance systématique que l'on observe entre ces derniers et les premiers, dépendance que les lésions avaient révélée et que l'imagerie tend à confirmer, ne vont pas dans ce sens. Déjà La Mettrie avait observé dans *L'Homme-machine* :

> Que fallait-il à Canius Julius, à Sénèque, à Pétrone, pour changer leur intrépidité en pusillanimité, ou en poltronnerie ? Une obstruction dans la rate, dans le foie, un embarras dans la veine porte. Pourquoi ? Parce que l'imagination se bouche avec les viscères ; et de là naissent tous ces singuliers phénomènes de l'affection hystérique et hypocondriaque [3].

Si l'identité des viscères a changé, le cerveau s'étant substitué à ceux qu'allègue notre médecin, la leçon de la médecine et des sciences de la vie reste la même.

Quoi qu'on pense du contenu des thèses défendues par La Mettrie, il devrait en tout cas être devenu clair que la méthode qu'il a proposée est exactement celle que les philosophes se doivent d'adopter de nos jours. Par là, je veux dire que si, déjà au XVIIIᵉ siècle, il était judicieux d'aborder les questions philosophiques en tenant compte de ce que les sciences nous apprenaient, c'est devenu une exigence absolue de nos jours, particulièrement pour les questions qui mettent en jeu ce que nous sommes. Et, comme je l'ai dit plusieurs fois au cours de cette étude, cela concerne aussi l'éthique, puisque c'est l'élaboration d'une éthique adaptée aux êtres que nous sommes qui nous intéresse. C'est là le fondement du naturalisme éthique et on a vu que, sur certains points, des thèses considérées jusque-là comme exclusivement métaphysiques ont trouvé, grâce aux progrès des neurosciences, plus qu'un commencement de vérification ou de réfutation. C'est le cas de la question du rôle de notre vie affective dans la morale – l'idéal rationaliste est une impasse, car la raison seule est incapable de nous dire ce qu'il convient de faire –, et du problème du

---

3. LA METTRIE, *L'Homme-machine*, Élie Luzac, Leyde, 1748, p. 10.

déterminisme. Sur ce plan, les neurosciences ne font que contribuer à l'évaluation de doctrines philosophiques qui existaient déjà sur le marché des idées. La crainte d'un bouleversement complet de nos croyances n'est donc pas une attitude appropriée face à la leçon des neurosciences.

La préexistence des doctrines philosophiques n'est en rien étonnante, particulièrement en ce qui concerne l'éthique. En effet, la morale repose en bonne partie sur les relations que nous entretenons les uns avec les autres, et celles-ci ont dû être réglées et pacifiées bien avant qu'on s'interroge sur le fonctionnement de notre cerveau ; si nos ancêtres n'y étaient pas parvenus, nous ne serions pas là pour en disserter ! Ainsi, si les neurosciences nous permettent de mieux nous comprendre, dans ce que nous sommes et dans ce que nous faisons, elles ne devraient pas transformer profondément nos normes et nos valeurs. Il faut garder cela en mémoire lorsqu'on nous annonce que l'on pourra bientôt lire dans l'esprit, devenir des transhumains et vivre très longtemps, avec un cerveau fonctionnant parfaitement... La médecine va bien sûr pouvoir infléchir nos connaissances dans ce type de direction, mais, sur le plan de l'éthique, si pouvoir vivre plus longtemps en bonne santé est effectivement un objectif à promouvoir, il ne faut pas non plus oublier que les neurosciences pourraient nous amener là où beaucoup d'entre nous n'aimeraient pas que nous allions, par exemple en favorisant l'usage irraisonné de la neuro-imagerie dans le domaine judiciaire, ou en promouvant des idéaux de la personne inadaptés, voire démesurés. Toutefois, ici encore, il y a eu des précédents et ce sont moins les neurosciences que des conceptions de la nature humaine plus anciennes qui sont à mettre en question, ce à quoi les neurosciences pourraient elles-mêmes aider par le surcroît de connaissances qu'elles nous apportent.

Références bibliographiques

Les Stoïciens, Gallimard, « Pléiade », Paris, 1962.

Les Penseurs grecs avant Socrate, Garnier, Paris, 1964.

Sandra ACKERMAN, *Hard Science, Hard Choices*, Dana Foundation, New York, 2006.

ARISTOTE, *Éthique à Nicomaque*, Vrin, Paris, 1987.

Bernard BAERTSCHI, *Les Rapports de l'âme et du corps. Descartes, Diderot, Maine de Biran*, Vrin, Paris, 1992.

—, *La Valeur de la vie humaine et l'intégrité de la personne*, PUF, Paris, 1995.

—, « Le charme secret du patriotisme », *in* B. BAERTSCHI et K. MULLIGAN, *Les Nationalismes*, PUF, Paris, 2002.

—, *Enquête philosophique sur la dignité. Anthropologie et éthique des biotechnologies*, Labor & Fides, Genève, 2005.

Max R. BENNETT et Peter M. S. HACKER, *Philosophical Foundations of Neuroscience*, Blackwell, Oxford, 2003.

Henri BERGSON, *L'Énergie spirituelle, in Œuvres*, Paris, PUF, 1959.

Jacques-Bénigne BOSSUET, *De la connaissance de Dieu et de soi-même, in Œuvres complètes de Bossuet*, Lefèvre et Gaume, Paris, 1836, t. 10.

Robert BOYLE, *The Origin of Forms and Qualities, in The Works of the Honourable Robert Boyle*, Londres, 1666.

Marcel BRASS et Patrick HAGGARD, « To do or not to do : the neural signature of self-control », *The Journal of Neuroscience*, août 2007.

Fernand BRUNNER, *Maître Eckhart*, Seghers, Paris, 1969.

William BURROUGHS, *Le Festin nu*, Gallimard, « Folio », Paris, 2002.

Pierre-Jean-Georges CABANIS, *Rapports du physique et du moral de l'homme*, Slatkine, Genève, 1980.

Georges CANGUILHEM, *Le Normal et le Pathologique*, PUF, Paris, 1966.

Turhan CANLY *et al.*, « Neuroethics and national security », *The American Journal of Bioethics*, n° 5, 2007, p. 3-13.

Arthur CAPLAN, « Straining their brains : Why the case against enhancement is not persuasive », *Cerebrum*, vol. 6, n° 4, 2004.

William CASEBEER, « Moral cognition and its neural constituents », *in* W. GLANNON, *Defining Right and Wrong in Brain Science*, Dana Press, New York, 2007.

Anjan CHATTERJEE, « Cosmetic neurology and cosmetic chirurgy : parallels, predictions, and challenges », *Cambridge Quarterly of Healthcare Ethics*, n° 16, 2007.

Patricia CHURCHLAND, *Neurophilosophy. Toward a Unified Science of the*

Mind/Brain, MIT Press, Cambridge Mass., 1989.

—, *Brain-Wise. Studies in Neurophilosophy*, MIT Press, Cambridge Mass., 2002.

CICÉRON, *De officiis*, in *Les Stoïciens*, Gallimard, « Pléiade », Paris, 1962.

Antonio DAMASIO, *L'Erreur de Descartes*, Odile Jacob, Paris, 2001.

—, *Spinoza avait raison*, Odile Jacob, Paris, 2003.

Norman DANIELS, *Just Health Care*, Cambridge University Press, Cambridge, 1986.

José DELGADO, *Physical Control of the Mind*, Harper and Row, New York, 1969.

—, *Congressional Record*, vol. 118, n° 26, 24 février 1974.

Daniel DENNETT, *Brainstorms*, Harvester Press, Brighton, 1978.

—, *La Conscience expliquée*, Odile Jacob, Paris, 1993.

—, *Freedom Evolves*, Allen Lane, Londres, 2003.

René DESCARTES, *Discours de la méthode*, in *Œuvres philosophiques*, t. I, Garnier, Paris, 1963.

Ronald DE SOUSA, *The Rationality of Emotion*, MIT Press, Cambridge Mass., 1987.

Frans DE WAAL, *Le Bon Singe*, Bayard, Paris, 1997.

Charles DICKENS, *Les Aventures d'Oliver Twist*, Gallimard, « Folio », Paris, 1958.

Denis DIDEROT, *Le Rêve de d'Alembert*, in *Œuvres philosophiques*, Garnier, Paris, 1964.

DIOGÈNE LAËRCE, *Vies et doctrines des philosophes illustres*, LGF, Paris, 1999.

Fédor DOSTOÏEVSKI, *L'Idiot*, Gallimard, « Folio », Paris, 1953.

Carl ELLIOTT, *Better than Well*, Norton & Company, Inc., New York, 2003.

Hugo Tristram ENGELHARDT, *The Foundations of Bioethics*, Oxford University Press, Oxford, 1986.

ÉPICURE, *Lettre à Ménécée*, in *Lettres, maximes, sentences*, LGF, Paris, 1994.

Kathinka EVERS, « Perspectives on memory manipulation : using beta-blockers to cure post-traumatic stress disorder », *Cambridge Quarterly of Healthcare Ethics*, n° 16, 2007, p. 138-146.

Martha FARAH, « Neuroethics : a guide for the perplexed », *Cerebrum*, vol. 6, n° 4, 2004.

—, « Emerging ethical issues in neuroscience », *in* W. GLANNON, *Defining Right and Wrong in Brain Science*.

Martha FARAH *et al.*, « Neurocognitive enhancement », *in* W. GLANNON, *Defining Right and Wrong in Brain Science*, Dana Press, New York, 2007.

Kenneth FOSTER, « Engineering the brain », *in* J. ILLES, *Neuroethics*, Oxford University Press, Oxford, 2006.

Sigmund FREUD, *Métapsychologie*, Gallimard, Paris, 1940.

Michael GAZZANIGA, *The Ethical Brain*, Dana Press, New York, 2005.

Michael GAZZANIGA, « Facts, fictions and the future of neuroethics », *in* J. ILLES, *Neuroethics*, Oxford University Press, Oxford, 2006.

Étienne GILSON, *Études sur le rôle de la pensée médiévale dans la formation du système cartésien*, Vrin, Paris, 1984.

Walter GLANNON, « Neuroethics », *Bioethics*, n° 1, 2006, p. 37-52.

— *Bioethics and the Brain*, Oxford University Press, Oxford, 2007.

— (dir.), *Defining Right and Wrong in Brain Science*, Dana Press, New York, 2007.

Jonathan GLOVER, *What Sort of People Should There Be ?*, Penguin, Harmondsworth, 1984.

Axel GOSSERIES, *Penser la justice entre les générations*, Aubier, Paris, 2004.

Henry GREELY *et al.*, « Thinking about the Human Neuron Mouse », *The American Journal of Bioethics*, n° 5, 2007, p. 27-40.

Ronald GREEN, « From genome to brainome : Charting the lessons learned », *in* J. ILLES, *Neuroethics*, Oxford University Press, Oxford, 2006.

Joshua GREENE et Jonathan COHEN, « For the law, neuroscience changes nothing and everything », *Phil. Trans.*

R. Soc. B., vol. 358, n° 1451, novembre 2004, <www.journals.royalsoc.ac.uk.>

David HUME, *La Morale (Traité de la nature humaine III)*, Garnier-Flammarion, Paris, 1993.

Francis HUTCHESON, *Recherche sur l'origine de nos idées de la beauté et de la vertu*, Vrin, Paris, 1991.

Steven HYMAN, « The brain's special status », *Cerebrum*, vol. 6, n° 4, 2004.

Judy ILLES (dir.), *Neuroethics*, Oxford University Press, Oxford, 2006.

Judy ILLES, Éric RACINE et Matthew KIRSCHEN, « A picture is worth 1000 words, but which 1000 ? », *in* J. ILLES, *Neuroethics*, Oxford University Press, Oxford, 2006.

Pierre JACOB, *L'Intentionnalité*, Odile Jacob, Paris, 2004.

Agnieszka JAWORSKA, « Ethical dilemmas in neurodegenerative disease », *in* J. ILLES, *Neuroethics*, Oxford University Press, Oxford, 2006.

Luis JUSTO et Fabiana ERAZUN, « Neuroethics and human rights », *The American Journal of Bioethics*, n° 5, 2007.

B. KAISER, A. MAURON et A. MIAH, « Legalisation of performance-enhancing drugs », *Lancet*, vol. 366, décembre 2005.

Robert KANE (dir.), *The Oxford Handbook of Free Will*, Oxford University Press, Oxford, 2002.

Emmanuel KANT, *Fondements de la métaphysique des mœurs*, Vrin, Paris, 1980.

Jaegwon KIM, *Mind in a Physical World*, MIT Press, Londres, 1998.

Robert KLITZMAN, « Clinicians, patients, and the brain », *in* J. ILLES, *Neuroethics*, Oxford University Press, Oxford, 2006.

Julien Offray DE LA METTRIE, *L'Homme-machine*, Élie Luzac, Leyde, 1748.

Neil LEVY, *Neuroethics. Challenges for the 21st Century*, Cambridge University Press, Cambridge, 2007.

Benjamin LIBET, « Do we have free will ? », *in* R. KANE, *The Oxford Handbook of Free Will*, Oxford University Press, Oxford, 2002.

Ellen MCGEE et Gerald MAGUIRE, « Becoming borg to become immortal », *Cambridge Quarterly of Healthcare Ethics*, n° 16, 2007.

Alasdair MACINTYRE, *After Virtue*, Duckworth, Londres, 1985.

Pierre MAINE DE BIRAN, *Rapports des sciences naturelles avec la psychologie*, in *Œuvres*, t. VIII, Vrin, Paris, 1986.

—, *Discours à la Société médicale de Bergerac*, in *Œuvres*, t. V, Vrin, Paris, 1984.

Bertha MANNINEN, « Medicating the mind : A kantian analysis of overprescribing psychoactive drugs », *Journal of Medical Ethics*, n° 2, 2006.

Steven J. MARCUS (dir.), *Neuroethics. Mapping the Field*, Dana Foundation, New York, 2002.

Robert MARTENSEN, « Bioethics on the brain », *Medical Humanities Review*, n° 1-2, 2004.

Mark MICHAEL, « Redistributive taxation, self-ownership and the fruit of labour », *Journal of Applied Ethics*, n° 2, 1997.

John Stuart MILL, *L'Utilitarisme*, Garnier, Paris, 1968.

Jean-Noël MISSA, *Naissance de la psychiatrie biologique*, PUF, Paris, 2006.

Stephen MORSE, « Moral and legal responsibility and the new neuroscience », *in* J. ILLES, *Neuroethics*, Oxford University Press, Oxford, 2006.

Stephen MORSE, « Brain overclaim syndrome and criminal responsibility : a diagnostic note », *Ohio State Journal of Criminal Law*, 3, 2006, p. 397-412.

Robert MUSIL, *L'Homme sans qualités*, Seuil, Paris, 1956.

Andrew NEWBERG et Eugene D'AQUILI, *Pourquoi « Dieu » ne disparaîtra pas*, Sully, Vannes, 2003.

Georg NORTHOFF, « Neuroscience of decision-making and informed consent : An investigation in neuroethics », *Journal of Medical Ethics*, n° 2, 2006.

Robert NOZICK, *Anarchie, État et utopie*, PUF, Paris, 1988.

Ruwen OGIEN, *La Panique morale*, Grasset, Paris, 2004.

163

—, *L'Éthique aujourd'hui. Maximalistes et minimalistes*, Gallimard, « Folio-Essais », Paris, 2007.

Kevin O'ROURKE et Philip BOYLE, *Medical Ethics*, Georgetown University Press, *Sources of Catholic Teachings*, Washington DC, 1999.

Éric PARENS, « Creativity, gratitude, and the enhancement debate », *in* J. ILLES, *Neuroethics*, Oxford University Press, Oxford, 2006.

Gregory PENCE, *Classic Cases in Medical Ethics*, McGraw-Hill, New York, 1990.

PÉTRARQUE, *Contre la bonne et la mauvaise fortune*, Payot & Rivages, Paris, 2001.

Anneliese PONTIUS, « Neuro-ethics of "walking" in the newborn », *Perceptual and Motor Skills*, vol. 37, n° 1, 1973.

—, « Neuroethics vs neurophysiologically and neuropsychologically uninformed influences in child-rearing, education, emerging hunter-gatherers, and artificial intelligence models of the brain », *Psychological Reports*, vol. 72, n° 2, 1993.

Karl POPPER et John ECCLES, *The Self and its Brain*, Springer International, Berlin, 1981.

Antoine PRÉVOST D'EXILES, *Cleveland*, Desjonquères, Paris, 2003.

Joëlle PROUST, *La Nature de la volonté*, Gallimard, « Folio », Paris, 2005.

Jules ROMAINS, *Les Hommes de bonne volonté*, Robert Laffont, « Bouquins », Paris, 2003.

Adina ROSKIES, « Neuroethics for the new millenium », *in* W. GLANNON, *Defining Right and Wrong in Brain Science*, Dana Press, New York, 2007.

—, « A case study of neuroethics : the nature of moral judgment », *in* J. ILLES, *Neuroethics*, Oxford University Press, Oxford, 2006.

Jean-Jacques ROUSSEAU, *Du contrat social*, *in Œuvres complètes*, t. IV, Gallimard, « Pléiade », Paris, 1964.

Michael SANDEL, *The Case Against Perfection*, Belknap Press, Cambridge Mass., 2007.

Nicholas SCHIFF et Joseph FINS, « Hope for "comatose" patients », *in* W. GLANNON, *Defining Right and Wrong in Brain Science*, Dana Press, New York, 2007.

John SEARLE, *Du cerveau au savoir*, Hermann, Paris, 1985.

—, *Liberté et neurobiologie*, Grasset, Paris, 2004.

SÉNÈQUE, *De ira*, *in Entretiens*, Robert Laffont, Paris, 1993.

Peter SINGER, *Questions d'éthique pratique*, Bayard, Paris, 1997.

Adam SMITH, *Théorie des sentiments moraux*, PUF, Paris, 1999.

Baruch SPINOZA, *L'Éthique*, Gallimard, « Pléiade », Paris, 1954.

Robert STAINTON (dir.), *Contemporary Debates in Cognitive Science*, Blackwell, Oxford, 2006.

Megan STEVEN et Alvaro PASCUAL-LEONE, « Transcranial magnetic stimulation and the human brain : An ethical evaluation », *in* J. ILLES, *Neuroethics*, Oxford University Press, Oxford, 2006.

Christine TAPPOLET, *Émotions et valeurs*, PUF, Paris, 2000.

The President's Council on Bioethics, *Beyond Therapy*, Washington DC, 2003.

Richard D. WRIGHT et Lawrence M. WARD, *Orienting of Attention*, Oxford University Press, New York, 2008.

Stefan ZWEIG, *La Pitié dangereuse in Romans et Nouvelles*, La Pochothèque, Paris, 1995.

Table

CPI
Bussière

Composition Facompo, Lisieux
Cet ouvrage a été imprimé en France
par CPI Bussière
à Saint-Amand-Montrond (Cher)
en février 2009.
Dépôt légal : mars 2009.
N° d'impression : 090460/1.